社会主义核心价值体系建设
"双百"出版工程

项　目

/100位

新中国成立以来感动中国人物/

李梦桃

王小平　刘玉欣/著

★

吉林文史出版社

前　言

　　每个人的心中都多少有一点英雄情结，都向往英雄、景仰英雄。也正因此，在中华人民共和国建国六十周年之际，由中央十一部委联合组织开展的"100位为新中国成立作出突出贡献的英雄模范人物和100位新中国成立以来感动中国人物"的评选活动中，群众参与投票总数近一亿。这其中的每一张选票，都表达了人们对英雄模范的崇敬之情，寄托着对伟大祖国的美好祝福。

　　一个民族不能没有英雄，否则这个民族就不会强大。当国家危难之时，懦弱者选择了逃避、妥协甚至投降，英雄们却挺身而出，用热血捍卫民族的尊严，人民的幸福。在创立和建设新中国的伟大历程中，涌现出无数可歌可泣的英雄模范人物。他们之中，有为了民族独立和人民解放而英勇牺牲的革命先烈，有为了党和人民的事业而不懈奋斗的优秀共产党员，有在全民族抗战中顽强奋战、为国捐躯的爱国将士，有英勇杀敌的战斗英雄和革命群众，有积极从事进步活动的著名民主爱国人士和国际友人……他们是民族的脊梁、祖国的骄傲，是激励全体人民团结奋斗的精神力量。

　　《100位新中国成立以来感动中国人物》丛书，就像一部星光璀璨的英雄谱，真实、完整地记录了英雄模范人物不平凡的一生，再现了他们非凡的人格魅力和精神世界。舍身堵枪眼的黄继光，拼命也要拿下大油田的王进喜，中国原子弹之父邓稼先，新时期领导干部的楷模孔繁森……一串串闪光的名字，一个个动人的故事，犹如群星闪烁，光耀中华。

　　当今中国正处于伟大变革的时代，迫切需要涌现出一大批勇于承担历史使命、为祖国和人民奉献一切的先进人物。在"双百"人物崇高精神的引领下，在建设社会主义现代化国家的征程中，必将英雄辈出。

生平简介

　　李梦桃，男，汉族，上海市人，中共党员。1948 年出生，1964 年支边到新疆生产建设兵团工作，曾任农六师奇台医院党委书记。

　　位于中蒙边境的北塔山牧场，平均海拔 3000 米以上，年均气温只有 2.4 度，居住着汉、哈萨克、蒙古、回、藏等五个民族，自然条件十分恶劣。李梦桃热爱边疆，扎根边疆，建设边疆，坚持为牧民行医四十多年。他开始学的是儿科，看到牧民高度分散，什么样的病人都可能遇到，就刻苦钻研医学知识，在较短时间掌握了内科、外科、妇产科、五官科等的一般医疗理论和技术，成长为全科医生。为了更好地为少数民族群众服务，他还自学了哈萨克语，治病救人的同时积极宣讲党的民族政策。多年来，他靠着一匹马、一个药箱、一件羊皮大衣、一块毡子和一支枪，常年往返于几百个放牧点之间，为牧场的职工群众、牧民和边防战士送医送药。为了抢救群众的生命，不管白天黑夜，不论路途远近，接到病情立即出诊。行医过程中，他多次遇到恶劣天气，发生意外险情，始终无怨无悔。这些年，他走遍了牧场的每道山岭，累计行程 26 万多公里，救治病人 2 万多人次，接生 800 多个婴儿，赢得了牧区人民的尊重和爱戴，被誉为"哈萨克人民的好儿子"。他被授予全国优秀共产党员、全国先进工作者等荣誉称号。

1948-
[LIMENGTAO]

◀ 李梦桃

目录 MULU

屯垦戍边兵团人（代序）

　　这是一群真实的人，这是一群有梦想的人，这是一群有激情的人，更是一群豪情万丈的人。

　　他们是曾为共和国的诞生而南征北战的百战功臣，在一个激情的年代，在党的一声号令下，他们脱下戎装，放下战斗的武器，就地生产，成为拉开新中国新疆屯垦戍边第一幕的创业者。她们是伟大的女性，带着潇湘水齐鲁风来到边陲大地，用她们花样的年华，无尽的温柔，安抚了无数躁动的心，成就了代代相传的伟业。他们是无数热血儿女，出于对祖国的一片赤热之情，在"建设边疆，保卫边疆"的感召之下，告别亲朋好友，离开生养自己的桑梓之地，无怨无悔来到亘古荒原建家立业。他们是天之骄子，象牙塔锁不住飞扬的心，在"到边疆去，到祖国最需要的地方去"的激励下，告别城市繁华的生活，用他们的知识和青春给绿洲孕育了灿烂的辉煌与无尽的希望。

　　他们为了一个信念、一个梦想、一个童话，长年生活在黄沙弥漫的世界中，在人烟罕见的戈壁荒滩上顶酷暑、冒严寒、斗风沙、治盐碱，充满着战天斗地的豪情。一日接一日，一年接一年，一代接一代，矢志不移，始终不渝，信念使戈壁成绿洲，梦想让黄沙变家园，创建了共和国的奇迹，创造了人间的童话。

　　他们为了守卫属于祖国的每一寸土地，半个百姓半个兵，面对严酷的生存环境，他们几十年如一日地在不宜耕作的土地上"种爱国田，放爱国牧"。他们从无怨言，只是年复一年默默地耕耘，用自己辛勤的汗水艰辛地养活自己，用自己的青春和热血，铸起了一道有生命的界碑。

面对国家民族的需要，他们清楚：一个个体丢到时代的大潮中，只是茫茫人海中一颗小不点而已，一个个体主宰不了自己的命运，也影响不了历史。但一个个的个体集合起来却有可能改写历史，创造辉煌。于是他们汇集在屯垦戍边的旗帜之下，用自己的行动向国人证实了极其令人感叹的一生。

面对漫漫黄沙和千里边防线，他们拼的是尊严和忠诚，是耐力和信念。生与死、胜与败，在他们眼中都已不再重要，重要的是国家和民族的尊严，是固守一腔忠诚。他们没有"不斩楼兰誓不还"的豪言壮语，成就的却是"还留一箭定天山"的伟业；没有功败垂成的悲壮，没有跻身凌烟阁的威名，他们却都在这片漠野上闪耀过生命的光环，是改写山河的业绩，是张扬着天地英雄的气概。

他们为了祖国的尊严，民族的发展，义无反顾承担起了屯垦戍边的神圣使命。他们用自己的汗水、青春乃至生命在这片广袤的国土上，一片绿洲一片心，一寸国土一寸情，谱写出了人类历史上最为感人的壮丽诗篇。

他们说自己是共和国的优质钢，是国土的卫士，是民族的奠基石。他们是虎贲之师，活着化腐朽为神奇，于荒漠戈壁中开万千良田建绿洲；倒下也要像宁折毋弯的长戈，日夜守卫着多难的边疆；即便碾入黄土也要像千年古树的落叶，生生不息地滋润着贫瘠的土地。

他们站着是一座山，倒下是一川水。他们更像千年胡杨，活着是生命的奇迹，死了是英雄的躯干，倒下是不朽的精神。

他们是屯垦戍边者，是兵团人。

接下来，我们将讲述一个兵团人的经历，讲述百万兵团人中的一位普通者扎根边疆的故事。他就是李梦桃，一位扎根边疆的好医生！正是无数的李梦桃们，成就了新中国屯垦戍边的伟业。

黄浦江边闻汽笛

父辈本是沙溪人

★★★★★

1963—1966 年，先后有 9.7 万余上海城市支边青年在国家的号召下，到新疆生产建设兵团参加了开发边疆、建设边疆、保卫边疆的屯垦戍边工作。李梦桃就属于这 9.7 万余人中的一员。

但李梦桃这位上海支边青年，其祖籍却是江苏太仓市沙溪镇。

沙溪镇是个繁华的历史古镇，曾享有"东南十八镇，沙溪第一镇"之誉。这里景色优美，风光旖旎，小桥流水处有着枕河人家，街巷深处透着悠长的古韵和深厚的文化底蕴，古朴石桥，竹林晚翠，荷花飘香。悠久的历史留下了十分丰厚的文化遗存：有大片的临水建筑和漫长的古街，有幽深古老的小巷和古朴雄浑的古桥。"古巷同户宽，古街三里长，古桥为单孔，古宅均挑梁，户户有雕花，家家有长窗，桥在前门进，船在门前荡"，构成了一幅幅精美典雅的水乡风俗画。

崇文尚商，造就了沙溪的开放，使沙溪成为引进西方文化较早的地区，并有一批接一批的人在近代以后出洋留学，不仅带来了西方文明，使西学在此扎下了根，熏陶着沙溪人，也促进了沙溪的繁华。

虽然，20世纪20年代的中国大地军阀混战，动荡不安，可是这座江南古镇还保持着一份难得的安谧与宁静。商业的繁荣使小镇的土布染织等手工业发达，其中一家土布染坊有位李姓佣工养育着一个叫李学波的男孩。

李学波自幼聪慧过人，因此到上学年龄后，其父母省吃俭用送他上学。而他也不负父母的期望，刻苦学习，成绩优异，深得邻居和老师的喜爱。

沙溪悠长的历史和深厚的文化，滋润着李学波的童年，也奠定了他今后谋生的文化底蕴。

1931年，震惊中外的九·一八事变爆发，国民党的"不抵抗政策"使东北三省沦陷，国家危亡的阴影笼罩在中华大地之上。处于学校学习中的李学波也感觉到了这种变化，周围的环境变得紧张起来，日子变得更加艰难了。偏偏父亲又得了重病，不久就离开了人世。

疼爱自己的父亲的去世使李学波无忧的生活结束了，他不能够继续读书了，不得不为生存奔波起来。

1934年，迫于生存的需要，母亲带着16岁的李学波辗转来到了上海。很快，李学波凭借自己的才学找到了一份工作，在一所小学做起了语文教师，年少的他开始承担家庭的重担，变得坚强而隐忍。

上海这座大都市使李学波开阔了眼界，无论是霓虹闪烁还是歌舞升平都使这个水乡古镇长大的少年惊讶不已。也正是在这里，李学波真正开始了解这个灾难深重的国家。

1935 年底，一二·九学生运动爆发，北平几千名大、中学生不顾国民党的禁令，冲上街头同使用水龙、警棍的军警搏斗，向国民党当局请愿，反对"华北自治"，要求"停止内战，一致抗日"。一场汹涌澎湃的抗日救亡运动在全国展开了。当时的上海，也举行了声势浩大的示威游行。学生们走上街头高举横幅，群情激昂，呼吁民族团结，出兵抗日。1937 年上海八·一三抗战全面爆发，一批批的中华儿女走上了抗日的前线，用自己的生命和鲜血为国家为民族争取生存的机会。在社会救亡图存的爱国浪潮中，在血与火的洗礼中，李学波感受到了"天下兴亡，匹夫有责"，想到了"先天下之忧而忧"……

1942 年，地下组织动员上海教育界去各地参加战时政治工作队，李学波参加了浙江省战时政治工作队，为全国的抗日战争呐喊助威，前线敌后，口诛笔伐，唤起千万人民群众起来团结抗日，挽救民族国家免于危亡。

1944 年，中国军队由云南和印度两面夹击，向怒江以西的日军展开反攻，发动滇缅战役。在历时一年半的作战中，中国军队浴血奋战，重创日军主力师团，打败了日军，收复了失地。为了胜利，中国军队也付出了巨大的代价，伤亡惨重。上海光复后，设立了一所美军医院，专门收治滇缅战场受伤的伤员，需要懂英语的人做翻译。李学波英语非常流利，于是被招去当翻译。他在那里为医生和伤员们做翻译，同时也做帮助照顾病人、介绍出院等工作，直到医院解散。

1945 年，抗日战争胜利，全国一片欢腾，李学波的心情同样处于欢畅中。都说好事成双，这时李学波也迎来了自己的婚姻。妻子许秀美是大户人家的小姐，却毅然放弃了舒适的生活，冲破家庭的重重阻挠，甚至不惜与家族断绝关系，最后终于与一贫如洗的李学

△ 李梦桃一家的全家福

波走到了一起。两人伉俪情深，婚后的生活虽然贫苦却充满幸福。

1948 年，他们的第一个孩子出生了，因为许秀美是在梦到仙桃后生下这个孩子的，浪漫的李学波就给孩子取名李梦桃。大儿子的出生给这对夫妻带来了无限的喜悦，之后他们又有了三个儿子和一个女儿。在父母的眼中，几个孩子之中，大儿子李梦桃最懂事，他总是把好吃的留给弟弟妹妹，也不让他们操心。这个家庭虽然生活清苦，但也其乐融融。

当时，李学波一家住在上海浦东一带，浦东在上海人眼里，比起浦西的繁荣简直就是荒郊野外，住在浦东的是下里巴人。那里是贫民聚居的地区，属于上海的农村地带。即使到了20世纪80年代还流传着"宁要浦西一张床，不要浦东一间房"的说法，更何况是40、50年代。一家人没有固定的住所，要租房子住，总是过一段时间就要搬一次家，全家靠着父亲微薄的收入度日。

父亲对李梦桃的影响是巨大而深远的。在李梦桃的记忆中，父亲气质儒雅，出口成章。他不仅能说流利的英语，通晓诗词歌赋，还写得一手好字。每逢过年时只要有邻居上门请求父亲帮着写春联，父亲总是欣然应允，然后饱蘸浓墨，一气呵成，写完之后总是赢得邻居的啧啧称赞。更重要的是父亲对李梦桃的教育，使他很早就知道了国家的意义，正是父亲这种才华横溢却甘于平凡的品质深深地影响了李梦桃，是他日后几十年如一日坚守在祖国边疆的动力源泉。

→ 峡江边上度童年

★ ★ ★ ★ ★

上海解放初期，李学波召集其他志同道合的人一起在浦东创建了浦东杨家渡小学，用自己的所学为当地的教育贡献着一份力量，学校里一共有十几名教职员工。学校的创办似一缕春风，为当地本无处上学的孩子吹走无知的蒙昧，像一叶轻舟，为他们送来知识的给养。李学波几乎将全部精力投入到这所学校里，总是能够看到他不知疲倦忙碌的身影。它也是李梦桃的母校，在这里，李梦桃开始了最初的学习之旅。

1956 年是李梦桃终生难忘的一年，他的童年呈现出了不同的色彩。这一年，为了响应"知识青年支援革命老区"的号召，父亲和学校的老师们都决定去支教。于是，李梦桃一家来到了江西省峡江县马埠乡（现马埠镇）的陈家村，父亲在村里当一名乡村教师。

峡江县位于江西省中部，古称"玉峡"，赣江直通峡江县南北而过，全境地势为东南、西北部高，向中部赣江倾斜。地形以丘陵为主，兼有低山，低山主要分布在东、西部边境，山体大都呈北东走向；中间大片丘陵，面积约占全县总面积的 62%。这里风光秀美，群山叠翠，雨量充沛，光照充足，四季分明，无霜期长，属亚热带潮湿性季风气候。

虽然初到山村，语言不通，也没有电，晚上到处一片漆黑。但是李梦桃仍然觉得欣喜与好奇，生活展现给李梦桃的是另一幅意想不到的画卷。山风中夹杂着一股股松木、樟木、杉木和竹叶混合的清香味，飘过来吹在身上清凉爽人，使人心旷神怡，连绵的山岭经常隐在巨大的烟雾之中。乡间的淳朴与安宁，自然的缤纷与静美使年幼的李梦桃陶醉不已，这里的美景和善良的小伙伴都成为他记忆中的美好。

春天，烂漫的映山红等山花吐露芬芳，成群的蝴蝶舞动花间；夏天，清澈的溪水潺潺流淌，小溪边欢声笑语不断；秋天，浸染的层林如诗如画，孩子们雀跃地寻找酸枣、毛栗等野果；冬天，枯黄的树叶、小草与满山的油茶花交相辉映，潇潇暮雨笼罩着的静谧的山村，有着别样的美。

李梦桃的父亲在村小学教书，母亲就在家里务农，孩子们放学回来后也会尽自己的力量帮助母亲做些事。山上的树木繁茂，当地人就上山砍柴做日常之用，不到 10 岁的李梦桃就经常带着二弟天桃和同学一起去山上砍柴。每次砍柴都要走很远的路，他们吃力地将树枝砍断，然后砍成一节一节地捆好，再挑回家。有时不小心就会脚下一滑，摔下山坡，挑的柴就压在他们身上，受些小伤是常有的事。

小小的身体挑着重重的柴显得有些吃力。即便如此，他们并没有觉得辛苦，无邪的孩子记住的是山泉水叮咚作响，小鸟在枝头歌唱，山风吹拂着衣角和满山的野果……走在回家的路上，经过一些木制简易小桥时，小桥都会发出"吱呦吱呦"的声音，似乎在唱着一首动听的小曲。

乡村小学当时除了学习外，还组织学生勤工俭学。比如利用当地的丰富木材烧制木炭，然后卖出去，既补贴学校费用的不足，也锻炼学生们的劳动能力。

这段可贵的历程在李梦桃的记忆中留下一段不易磨灭的印辙，锻炼了他吃苦耐劳的性格，使他体会到了大自然的壮阔、美丽，并且受益终生。直至多年以后，李梦桃仍然记得那个山村，那些山泉，那些木桥，那段岁月和那些儿时的同伴……

→ 家贫方显孝子心

☆☆☆☆☆

身为长子的李梦桃随着年龄的增长变得更加懂事了，帮父母做力所能及的事，照顾弟弟妹妹，同时自己在学习上也很优秀。

由于条件艰苦和忘我地工作，李学波得了胃病。老区条件极为有限，不能得到很好的治疗，病情日渐严重，可他仍一直带病坚持上课。对于他来说，学生们琅琅的读书声、渴望读书的眼神都是他所割舍不下的。

深爱丈夫的许秀美看着他日益消瘦的脸庞，逐渐虚弱的身体，又怎么忍心呢? 她希望一家可以回到上海去，那里毕竟医疗条件会好些，可是善良隐忍的李学波不想给别人添麻烦，一直也没有对组织提出回上海的要求。

1960 年，李学波的胃病更加严重了，几乎到了不能工作的地步。组织上考虑到他的身体情况，在李梦桃母亲的要求下，安排李学波返回上海浦东工作。回上海时，李梦桃清楚记得，父亲的同事用一辆独轮车装上家里所有的用品，送到赣江渡口的一个轮渡上。这样，一家人又回到了阔别四年的上海。

回到上海后，李学波的身体一直很虚弱，只能半工半休，身体允许的情况下去上班，身体状况实在坚持不下去，就在家里休养。李梦桃的母亲这时也没有固定工作。这样，一家人的生活来源非常有限，需要靠救济勉强度日。

这位为了教育奔走奉献了多年，并且不顾自己健康忘我育人的教师，没有觉得愤愤不平，他默默地承受着病痛，从不抱怨一句。李梦桃记得那时候父亲有时会吐血，胃疼的时候就喝小苏打(碳酸氢钠)来缓解疼痛。命运的海浪敲击着生活的堤岸，磨难似洪流毫不留情地向这个家庭袭来。

12 岁的李梦桃看着满面病容的父亲，因为操劳而憔悴的母亲，心如刀割。为了减轻家里的负担，他不得不离开喜爱的课堂，告别眷恋的书本，在家帮助母亲。

说实话，父亲很喜欢这个儿子，聪明懂事。现实折磨着他，看到失学的儿子在家忙里忙外，他总是禁不住心酸，只好在身体好一点的时候教李梦桃一些知识，来弥补不能让他上学的遗憾。李梦桃很珍惜这来之不易的学习机会，总是把父亲教授的知识牢牢记住，这无疑给这位无奈的父亲一些心灵上的安慰。

苦难也是一所大学，只有经历过它的洗礼才会成为真正的大树，参天而长，不惧风霜。苦难使李梦桃养成了坚强的性格。

失学后的李梦桃和母亲一起做些杂工贴补家用，供弟、妹读书。家里没有钱买菜，李梦桃就和母亲去乡下拾菜叶，回来洗干净作为蔬菜食用；他还去捡废品换成钱贴补家用……

刚开始的时候，李梦桃有些不好意思，觉得做那些很丢脸。后来，父亲看出了他的想法，抚摸着他的头语重心长地说："梦桃，爸爸知道苦了你了。我们家庭条件差，不过，贫穷还是富有并不是衡量一个人有没有价值的标准，我们不用为了这个而感到羞愧。自强不丢脸！爸爸相信，只要一个人自立自强就一定能作出一番事业！"

父亲的话深深地扎根在李梦桃的心田里，从那以后，他再也没有觉得在艰苦的环境里奋斗是丢脸的，也没有觉得自己不富有是可悲的，他相信精神上的富庶远远比生活的富有重要。而童年艰辛的生活，使得李梦桃虽然出生在大上海，但却很少享受到大城市给他带来的方便和富裕，也没有大城市一些青年的娇气和讲究。这为他进入新疆尽快适应艰苦的环境奠定了基础。

千里边疆去远征

→ 风雨满楼固边急

★★★★★

　　新疆置身于亚欧大陆的中央地带，自古以来就是一个连接东西方交往的重要通道。作为亚欧大陆的中心和枢纽，新疆历来是兵家必争之地。因而为控制新疆，各种势力都不断地设法介入这一地区，使得新疆自古以来就是一个多事之地。

　　近代以来，新疆作为我国西北地区的门户，是我国最靠近国际各大政治、宗教势力交会中心和国际"热点"多发地区的省区。西方列强出于各自的战略企图，为把新疆从中国分裂出去，对新疆的各种渗透和颠覆活动从来就没有停止过。以至于前国民党爱国将领、原兵团司令员陶峙岳将军在主政新疆时曾这样说："19世纪60年代后的新疆形势，是强邻窥伺，虎视眈眈，始终存在外来的强大压力。"

　　新中国成立后，在5600余千米的边界线上，新疆自东向西分别与蒙古、苏联（20世纪90年代苏联解体后变为俄罗斯联邦、哈萨克斯坦、吉尔吉斯斯坦、塔吉克斯坦）、阿富汗、巴基斯坦、印度等国接壤。其中中苏之间由于国力有限等原因的制约，中方一侧是"有边无防"。苏联却因历史、地缘和三区革命的缘故，在新疆有着重大影响力，特别是在伊犁、塔城、阿勒泰等地不断散发侨民证，发展了大批的侨民。

20世纪60年代初，中苏两党在意识形态上的分歧公开，加上其他因素的影响，导致两国关系恶化。苏联利用在新疆的特殊影响力特别是在伊犁、塔城等地的影响，煽动并引诱中国边民外逃。1962年4月初，边疆的春天刚刚来到，小草好奇地探出头，和煦的春风拂面，然而新疆却是"山雨欲来风满楼"。苏联借我国的三年经济困难造成的边民生活艰难，利用新疆返国苏侨、逃苏边民，通过邮件往来及广播宣传等方式，诱骗和煽动大批的边民拖儿带女开始拥向新疆伊犁霍尔果斯、塔城巴克图等口岸。

4月8日，苏方突然在平日封锁严密的边境上打开20余处道路口子，帮助中国边民顺利越境。同时，派出大批军政人员和大量汽车等运输工具，在边境等候迎接，把非法越境的中国边民送往苏联内地，有组织地安置。

滚滚人流如潮水般在边境地区涌动，白天苏联当局用巨大的广播声指示方向，夜间则打开探照灯，一道道光柱射入中国境内几千米远。在此后的一个多月里，大批边民陆续逃到了苏联，个别县跑得只剩下几百人。

这便是震惊中外的"伊塔事件"，是第二次世界大战以来最大的一次国际间边民外逃事件，事件导致新疆边防安全形势极为紧张。

5月29日上午，大约有1000多人以"购票"为借口，砸毁伊犁客运站大门和办公室门窗，围攻、殴打客运站工作人员和在场的群众、民警及汉族干部，并挟持了到现场做劝说工作的州长。暴徒们竟然高喊着："现在不是出国不出国的问题，而是革命的问题，是打倒共产党，消灭汉族的问题。"

面对暴乱，伊犁区党委一面派人现场劝说，一面向新疆兵团农四师求援，要求立即出动民兵到现场巡逻。下午，2000 多暴徒冲入了伊犁州人委大院，夺走门卫枪支，捣毁门窗桌椅，抢走文件、公章和档案，并威胁州长下令"准许出苏"，否则就将他从楼上扔下去。在挟持之下，州长被迫写了条子。随后，他们又企图冲击区党委办公大楼。

暴徒们气焰嚣张，高呼反动口号，拆毁围墙木栏，手拿棍棒，越墙而入。部队被迫鸣枪警告，不少暴徒不顾警告，继续向内冲击。为确保党委机关及人员安全，部队被迫开枪射击，当场击毙暴徒 3 人，压住了歹徒们的凶恶气焰。关键时刻，农四师奉自治区党委和兵团党委命令，派出一个警卫连，两个武装民兵排，协助公安干警维持秩序，夺回被暴徒占领的伊犁州人委办公大楼。次日，伊宁市成立卫戍司令部，兵团从农八师调出两个基干民兵连，加强伊宁地区警备力量，并平息了暴乱。

据统计，从 4 月 8 日到 5 月底新疆外逃者达 6 万余人，带走大小牲畜 30 余万头，使 26.67 余千公顷土地未能播种，大量已播种土地荒芜，给当地农牧业生产造成了严重损失。塔城越境外逃人口占当时人口的 68%，霍城县辖边境上的 3 个公社原有 1.6 万多人，越境外逃后剩下不足 3000 人，其中前进公社只剩 9 户人家。大量人口外逃不仅使正常的春耕生产无法进行，国家损失大批财物，塔城、裕民两县，车辆减少 70%，牲畜减少 31%，耕畜减少 80%，伊犁地区被带走牲畜 1.5 万余头，车辆 460 多辆，加上一些商店、粮库等被抢，伊犁、塔城两地区全部经济损失达到 7000 多万元，而且整个边境形势骤趋紧张和复杂，国家西部边防安全形势严峻，祖国尊严受到损害。

国家出现的危难，需要兵团发挥其独特的作用，为国家解难，为民族分忧。兵团自 1954 年成立以来，在促进西北边疆的政治、经济、社会、文化发展和维护国防安全上发挥着不可替代的作用。

"伊塔事件"发生后，为了尽快恢复正常的社会秩序，发展生产，周恩来召见了兵团副政治委员张仲瀚，指示兵团承担起维持治安、劝阻边民外逃的任务，对边民外逃遗留下来的农牧业生产和基层工作，实行"三代"（代耕、代管、代牧）。兵团在半个多月的时间内，迅速组织了 1.7 万余干部职工，到边境地区实行"三代"，很快稳定了边境形势。

7 月至 8 月中共中央和自治区党委作出决定，沿中苏边境地区，责成兵团有计划地、迅速地建立若干边境团场，以期能联成一条团场带，作为国防的屏障。

根据中央和自治区的要求，兵团开始了大规模边境农牧团场的建设。边境团场实质是以劳养武、劳武结合、寓兵于农、兵农合一的特殊组织。边境团场的职工，是一手拿锨，一手拿枪，平时生产，战时参战的武装民兵。在非常时期，他们按照中央指示的"不惹事、不示弱"、"针锋相对、寸土必争"的方针，采取以民对军的斗争形式，坚持种"政治田"，放"政治牧"，抵制苏联在边境地区的蚕食和渗透，时刻保卫着祖国的山河土地，成为西北边疆安全的忠实捍卫者。

边防安全需要大量的有志青年到新疆工作，开发和充实边境地区，巩固祖国边防。"到边疆去，到祖国最需要的地方去"，既是国家的需要，也是当时社会最光荣的事。

在兵团急需人员开发新疆、充实边疆时，国家也处于一个特殊时期，需要解决城市青年的就业问题。大跃进之后，面对国民经济发展中的严重问题，为解决经济困难，为减轻粮食供给压力，国家需要着手精简城市人口，压缩工业企业。大批工厂下马，又导致就业问题解决不了，大量青年滞留在社会上。其中的主体是未能升学的中小学学生，没有就业门路的市民子女，又称"社会青年"。社会青年迫切希望找到工作，为稳定社会，国家也需要为他们寻找一条安置的途径。

20 世纪 60 年代社会导向的主流是"到农村去，到边疆去，到祖国最需要的地方去"。加上"兵团"与"解放军"的紧密关系，于是许多城市年轻人向往兵团，一腔热血要去建设边疆、保卫边疆。

正是基于这样的背景，12.7 万余上海、北京、天津、武汉等地的城市支边青年响应国家号召参加到支援新疆的队伍中来。他们第一次走出家门，就来到万里之外的天山南北，来到陌生而神秘的生产建设兵团，在祖国的边疆留下了飞扬的青春、可贵的年华。他们用岁月书写爱国的豪情，用青春激荡着不变的梦想，在祖国的西北边陲书写出浩气长存的时代壮歌！

青春飞扬到天山

★★★★★

　　1964 年，李梦桃 16 岁。这一年，整个上海都沉浸在"支援祖国边疆，开发建设大西北"的热潮里，到处是宣传的标语，到处都是组织动员，这些都使青年人热血沸腾。李梦桃去听了兵团副政委张仲瀚将军在上海文化广场的动员大会，将军的雄才大略和为大家展示的宏伟蓝图让听者激情万分。大家又观看了描写兵团创业的电影纪录片《军垦赞歌》，影片中那些波澜壮阔的画卷让无数的年轻人情不自禁地跃跃欲试，其主题曲《边疆处处赛江南》更是充满了浪漫情怀，让许多年轻人遐想不已。

　　李梦桃心里激动极了，能够在辽阔的草原策马驰骋，能够品尝飘香的水果，能够奋战在荒原戈壁，看浩浩黄沙红旗如火，听茫茫草原军声大作，多带劲! 万里之外的天山南北，陌生而神秘的兵团深深地吸引了李梦桃，他毫不犹豫地报了名。

△ 支边时的李梦桃

　　其实懂事的李梦桃还有其他方面的考虑，当时家里条件不好，一家人挤在自己搭建的小棚屋中，拥挤不堪，他希望自己的离开可以使家庭住的地方宽松点，可以给家里减轻点负担。自己参加边疆建设，也可让家庭得到政府更多的关照，从而让父亲的叹息声少些，让操劳的母亲轻松一些。可令他没有想到的是自己的决定却遭到了母亲的反对。

　　父亲虽然舍不得，但是很理解儿子的心情，也支持他的选择。可是心疼儿子的母亲怎么舍得他去那么一个遥远的地方？她听说新疆的条件异常艰苦，荒漠黄沙，滴水成冰，甚至听说新疆的人都是没有鼻子的，因为鼻子都被冻掉了。更多的则是自古"去时里正与裹头，归来头白还戍边"对她的影响，毕竟新疆太遥远，这一去就不知何时才能回家。这些对新疆的偏见和想法让她实在放心不下，每天以泪洗面，无论如何不同意儿子到新疆去。

可是李梦桃已经下了决心，母亲怎么可能拦得住他呢？他坚定了信念：一定要到新疆去，到祖国最需要的地方去。他相信就像标语上说的那样，自己在广阔天地，一定大有作为！

1964年5月16日，终于拿到通知书了，李梦桃热泪盈眶，激动的心情难以用语言来表达。不久，他领到了军装、毛巾、挎包等日用品，军装穿上真神气啊！这是那个年代最神气的时装了。虽然3号军装的号码大了许多，也没有帽徽领章。不过，这都不算什么，他对着镜子练习敬礼，嘿，和真正的解放军战士一个样！

6月15日，李梦桃和街道上的同学、朋友们等一共286人一起就要奔赴边疆了。大家统一穿着没有领章帽徽的黄军装列队，戴着大红花，引来了无数羡慕的目光。排着队准备从弄堂出发的时候，李梦桃猛一回头，看见母亲在公共水池刷自己昨天换下的旧鞋子，她已经哭得泣不成声。

队伍出发了，到火车站要经过一个渡口摆渡，母亲一直追到了渡口，李梦桃和队伍走了很远，还能看见母亲和一些其他人的亲人在渡口哭泣，隐约间他看见母亲哭昏了过去。毕竟自己小，母亲实在放心不下。这时的他心里也难受起来，鼻子开始发酸，自己让母亲这么伤心真的是不应该啊！

不过，到了火车站，送行的队伍马上让他忘记了悲伤。市政府派人来欢送，车站里拉着巨幅的标语，四周红旗招展，锣鼓喧天，高音喇叭播放着激越高昂的革命歌曲，整个氛围使人热血沸腾，场面壮观，送行的队伍之庞大远远超出他的想象。火车徐徐开动，前来送行的亲人们又已泣不成声，挤在一起像潮水一样涌动，车厢里也是哭声一片。年纪尚小的李梦桃并不知道，这次远行对自己意味的是几十年扎根边疆的坚守，倒是感觉挺新鲜的。

新疆与上海相隔遥远。一个在祖国版图之东，一个在西北边陲，这批上海支边青年就这样带着无限憧憬，怀着一腔热血、一份赤诚踏上了西去的列车，从黄浦江畔的繁华大都市汇聚到天山脚下生产建设兵团，加入到兵团屯垦戍边的队伍中，开始了扎根边疆

△ 新疆生产建设兵团录取通知书

艰苦而光荣的人生岁月。在这之前和之后，还有一批接一批的上海支边青年也加入到这个队伍当中。

这趟上海支边青年专列一路西行。车上，大家按班、排、连组织起来，兵团派有专门的人员带队，并配备了专门的医生。伙食安排得也好，车上给支边青年统一配发早餐：面包和水果，中午和晚上是餐车专门为支边青年供应的盒饭，有肉、有鸡蛋。带队领导为了活跃场面，还组织大家一齐唱歌。随着指挥的拍子在车厢里打起，大家兴奋地唱着"车轮滚滚飞转，汽笛鸣拉响，告别英雄的南京路，告别汹涌的黄浦江……""送给你一束沙枣花，一束沙枣花……"等歌曲，车厢里活跃异常，列车载着欢歌笑语，一路向西进发。

火车在到达兰州以前沿途是青山绿水，大家唱歌、聊天，气氛热烈。火车驶入甘肃境内，戈壁出现了，人烟开始稀少，西北的广阔，边疆的荒凉，这回是真的见识到了。有的人因为干燥鼻子开始流血了，很多人开始想家了，纷纷把自己的包或小箱子打开，看看家里的人给自己准备了些什么。看着车窗外的荒凉和落后，沉思开始出现在了一些人的身上。

唐朝诗人王昌龄的《从军行》中两句诗一语惊人："青海长云暗雪山，孤城遥望玉门关。"引得无数人想去读明白关外之外的西域是一条什么样的古道，这条道上曾发生过数都数不清的故事：张骞通西域，唐僧取真经，丝路驼铃响，直至左宗棠抬着棺材收复新疆；无数的战争，历代的屯垦，演绎的悲欢离合都与这条道分不开。披着历史的风尘，看着车窗外寸草不生的戈壁和大大小小的石头，总会使人顿生"西出阳关无故人"的悲壮。

李梦桃向窗外出神地望着，残阳欲坠时分，大漠戈壁的景色在霞光的辉映下丰富多彩、变幻无穷；昏黄的大漠在落日的照耀下呈现出一种橙色的光芒，天地合一，真的是只有在西北才能见到的震撼人心的画卷。他有些兴奋，心想，看来新疆离我们不远了，他真想高喊一声：新疆，我们来了！

经过6天6夜的行驶，专列终于到达了新疆首府乌鲁木齐。李梦桃等286位支边青年被集中安排在兵团的农六师。这也是大家出发时提出的要求，主要是想着有事了可以互相帮助，互相照顾。

六师师部位于五家渠。六师前身是1949年10月进疆的中国人民解放军一兵团六军十七师。十七师进疆后是乌鲁木齐市的卫戍部队。1951年进驻乌鲁木齐北面、准噶尔盆地南缘的五家渠开荒生产，一面生产自给，一面保卫乌鲁木齐的安全。因十七师进驻当地时，只有5户农民守着一条小渠在此生存，故取名"五家渠"。1953年十七师整编为新疆军区生产部队农业生产建设第六师，1954年10月新疆军区生产建设兵团成立后，为新疆军区生产建设兵团农业生产建设第六师。

大家分别坐上了10辆卡车，红旗招展、一路高歌地来到了农六师。下车后，接待他们的是老红军姜晟副师长。姜副师长在简单地致欢迎辞后，向大家进行了革命传统教育，并介绍了六师的大致情况。然后大家就在八一俱乐部住下，给大家发了被子、褥子等日用品，发洗澡票、理发票让大家去理发、洗澡，学习打背包，适应兵团的生活。这时大家还是斗志昂扬，根本不知道等待他们的将是一场怎样艰苦的考验。

→ 马桥初历军垦事

★ ★ ★ ★ ★

　　休整了 3 天之后，6 月 24 日，支边青年们被统一分到马桥农场（今一〇六团）。

　　马桥得名于清同治年间的新疆动乱之时。19 世纪中叶，沙俄吞食着浩罕，浩罕窥伺着新疆。1865 年，浩罕阿克曼吉特要塞司令穆罕默德·阿古柏趁新疆农民起义，全疆大乱之际，打着宗教的旗号，率兵攻占南疆重镇喀什噶尔，随后南下，占领整个南疆，并北上攻占北疆重镇迪化（今乌鲁木齐）及周围地区。阿古柏在新疆建立"哲德沙尔汗国"。为抗击外族侵略，抵御民族仇杀，镇番户（今芳草湖）的高四、李头、徐大旗和何世海率领当地群众在洛克伦河（今马桥河）岸筑东城（民城）。小城池前临河道，后依沙包，可进可守可退，但考虑到便利，在通往城堡的河面上还是架起了仅供一人一骑通行的独木吊桥，取名"马桥"。

△ 马桥古城

　　1869 年 7 月，迪化民团首领徐学功攻占景化（今呼图壁），坚守一个多月，因孤军无援，寡不敌众，撤至马桥城。他与马桥民众合兵一处，筑西城（兵城），率领团丁和难民且耕且战，用游击术持久抗击匪徒。随着生产自救的开展和相对安全的社会环境的出现，吸引着四面八方不少为躲避战乱而来此居住的人，马桥城逐渐成为当时北疆民众避乱的一个重要聚居地。

　　1876 年春，陕甘总督左宗棠反对李鸿章"弃疆保内"的主张，在清政府的支持下，督湘军入疆。在新疆各民族的支持下，清政府收复新疆。马桥城里的徐学功等民团才撤离，难民陆续返回家园，马桥城逐渐废弃。

　　1958 年，原国民党军官、黄埔军校十六期毕业生、酒泉和平起义后成为中国人民解放军的张鸿川同志，率领 18 个人，乘坐一辆马车，从五家渠来到马桥，建立天山十二场，1960 年与天山十三场合并改名马桥农场（1969 年改为一〇六团）。20 世纪 60 年代前期的马桥农场处于快速发展时期，急需大批的劳动力，支边青年的到来无疑为农场注入了新的血液。

当时从五家渠到一〇六团的一百余公里路都是戈壁和土路，道路坑洼不平。经大半天的颠簸，车到了地方，可是没有人下车。所有支边青年们被眼前的景象惊得面面相觑，李梦桃也在其中。他望了望四周，戈壁沙包环绕，稀稀拉拉的几棵树立在周围，牙齿一咬，一路吸进嘴里的沙子吱吱响。他觉得奇怪，这里怎么没有房子呢？这时，他发现有人不断从沙包旁的地洞里钻进钻出，后来才知道这叫"地窝子"。地窝子里的情况比内地的棚子还差，里面昏暗无光，进出就靠一个洞口。

尽管到新疆来是支援边疆建设的，是要吃苦的，早有思想准备。但这些支边青年还是心情不由得往下一沉：这就是我们居住的地方？这就是我们要建设的边疆？接车的人群中走出一个人，他微笑着说："同志们下车吧，到家了！我是这里的连长，叫曾干清，我代表全连的同志热烈欢迎你们！这里地没有一亩，房没有一间，路没有一条，条件很苦，但是，我们要相信兵团人的双手一定能在这片戈壁上开出良田，建成绿洲。眼下住的是地窝子，喝的是涝坝水，将来一定能住上砖房，点上电灯，用上自来水，下车吧！孩子们。"

曾连长一席话，深深打动了李梦桃。他背起行李跳下了车，支边青年们也纷纷下车。他们被分成一个一个的班，一个班 12 个人。李梦桃怀着好奇的心情钻进分给他们班的地窝子。

他们被集体分到了一〇六团工程连，这个连专门从事团场的基础设施建设，包括修路、建房、开荒、挖渠、植树、突击进行农作物的抢收等都属于他们的工作范畴。

晚饭时伙食不错，是白面馒头，可大家都蹲在伙房前的空地上吃，没有回自己的地窝子，因为地窝子里会掉土。当然，困难还远不止这些，用的、喝的水是涝坝（类似南方的水塘）水，颜色是黑红色的，刚发的白毛巾擦完脸一洗就是黑色的了。正值盛夏，晚上，蚊子长驱直入，嗡嗡响个不停，弄得人睡不好。也没有像样的厕所，所谓的"厕所"就是在离大家住的地窝子不远的空地上挖个坑，四周是用半人高的骆驼刺简单地围起来的，不小心就会将边缘踩踏了一块掉下去。

第二天，李梦桃刚起床，就听见一阵阵的哭声，他好奇地去看个究竟，原来是一同来的女支边青年们在地窝子里哭呢！她们真是没想到条件会如此的艰苦，被吓坏了，有的开始后悔起来，有的想念父母，还有的哭着说要回去。经过做工作，女支边青年们才停止了哭声。

李梦桃没想过回去，这里虽然艰苦，可是有大家的努力，迟早会好起来的。他这种乐观向上的精神一直贯穿在他在新疆的每个日夜，从未改变。

经过短暂的适应，7月初，支边青年开始劳动了，第一项任务就是割麦子。连长在训话时说："你们都是城市长大的，分不清小麦和韭菜，现在要给你们上一场生动的革命课，就是收割麦子。"生长在城市里的他们大部分都没做过农活，听说要去收麦子觉得既新鲜又兴奋。面粉倒是见过，麦收还是第一次，倒是真想体验体验"谁知盘中餐，粒粒皆辛苦"的滋味。

天还没亮，大家正睡得迷迷糊糊时听到有人敲门："起来，快起来！"李梦桃他们一骨碌就爬了起来，抄起镰刀马上就跑了出去。

连长带着他们来到地头，天气还算凉爽。大家从来没有做过，都拿着镰刀跃跃欲试。连长和老职工给支边青年做了简单的讲解后，哨子一吹，大家挽起袖子弯腰干起来。但手里的镰刀不太听话，一镰下去总是割不断，镰刀顺着麦秆儿往上溜。没割几下，李梦桃突然觉得自己手指一阵剧痛，情不自禁地"唉呀"一声，低头一看，鲜血从手指上直流，疼得他手发抖，头冒汗。"割手了吧，小心点嘛！"连长闻声赶来，连忙说，"快包起来！"不久，就又听见有人尖叫，又有青年割了手。

支边青年们看了看旁边的老职工，他们刷刷地一镰下去就是一把，一会儿就放倒了一片麦子。这割麦子看着简单，做起来还真是不容易啊！血的教训，让支边青年们不得不停下来，连长和老职工又手把手地教他们，这样他们才知道要怎样割，麦子才能顺利割倒，真是上了一场生动的劳动课。

李梦桃不肯落后，经过简单的包扎又接着干起来，太阳越爬越高，他隐约地感到从地缝里开始往外冒热气，汗一出来就被烤干，脸上身上都黏糊糊的。腰也越来越疼，渐渐地好像快支撑不了身体了，他吃力地用镰刀杵着地，减轻一下腰的负担，好缓解缓解腰的剧痛。午饭就在地头吃，吃完接着继续干。

终于收工了，李梦桃的腿像灌了铅似的有千斤重，回到住处，简单地吃了晚饭后，一头躺下就一动也不想动了。

他不知不觉地闭上眼睛，感到浑身轻悠悠的，恍惚间好像到了火车站，腰也不疼了，而且腿脚轻盈，坐上火车一会儿就到了家门口。他高兴地正要伸手敲门，突然传来一阵啪啪的响声，睁眼一看周围黑洞洞的，原来是连长在敲门，喊着"快起快起，该下地了！"他想爬起来，但是一阵剧烈的疼痛让他动弹不了，稍微缓了一会儿，慢慢地向土炕边滚去，然后把腿顺到地上，双臂支撑着上身站立起来。吃过早饭，大家拿起镰刀又出发了。

这就是支边青年们劳动的开端，他们从此开始了扎根边疆的生活。他们修过路、搭过桥、种过树、开过荒、挖过渠。像马桥大干渠的修建李梦桃他们就参加了。当时为提高功效，连队经常搞劳动竞赛，规定一个人一天要干多少活，干得好的就奖励，奖品就是白面馍馍。大家为了得到馍馍，都争先恐后地干。

不过对于仍然童心未泯的李梦桃来说，他最喜欢开荒了。开荒时，虽然住的是帐篷，四处漏风，吃的是苞米面，经常是顶着星星出门，迎着月亮回帐篷，可是他却不觉得苦，反而觉得很有趣。经常是十几个人喊着号子一起把红柳、胡杨、梭梭等树木拉倒，堆起来。休息的时候就可以烧荒了，树枝烧着了，发出噼里啪啦的声音，这些朝气蓬勃的支边青年兴奋极了，看不到劳累，也见不到疲惫，他们围着火堆唱歌、跳舞、兴高采烈地乱叫着。红红的火光映照着他们年轻的、稚气未脱的脸庞，他们不正是火苗吗？是建设新疆的希望之火。

机灵个小能学医

★★★★★

　　不知不觉时间到了9月份，李梦桃已经工作了将近三个月了，原本白净的脸庞变得黝黑，少了几分城市气。一天，吃过中午饭，李梦桃像往常一样拿起工具准备去干活，突然连长通知他下午不用去了，有别的安排。不知道是什么事，他的心里忐忑不安：不是我犯了什么错误吧，组织上要处分我？可是我做什么都很卖力，没犯过什么错误啊！其实，他的担心完全是多余的，因为他即将开启人生的另一段旅程。

　　原来，李梦桃和其他的四名支边青年共两男三女，被农场卫生队长王殿贵选中，要到卫生队当医务人员。李梦桃糊涂了："这个卫生队长我又没见过，他为什么会选中我呢？"其实，卫生队需要培养医护人员，补充新生力量，王队长早就到工地上悄悄地观察几天了，他发现李梦桃虽然又小又瘦，但机灵聪明，当个卫生员绝对没问题。

当时李梦桃比较瘦小，还不到50公斤，年龄也就16岁。就这样，李梦桃自此开始了自己的医学之旅。

后来他才知道，前面三个月是他们的锻炼期，经历这三个月或再长一点的时间，他们中的许多人就要被分散到农场的各个部门和单位去，从事教育、医疗、财会、拖拉机手等职业，也有少部分到机关工作的。而需要人的部门或单位领导，会时不时地出现在他们工作的地方，在暗中观察他们，看到了自己喜欢的青年，查过档案后，就与带队的连长和农场组织股说，把人就领走了。后来许多表现出色的、有些文化的人，都是被这样慢慢地分散到农场的各个单位，从事着不同的职业。剩下的不到一半人则分到各连队当农工。

当时马桥农场的卫生队，在离场部较远的一排土房子中，这些房子本是农场放拖拉机等农用机械的保养间。后来农用机械又建了新的保养间，于是就把这些旧库房稍加改造，成了卫生队的病房。

9月12日，坐着马车到了卫生队后，李梦桃发现自己没有地方住，连地窝子也没有。他就问队长："队长，我们住哪里？"队长递给他和另一个支边青年徐顺师两把铁锹，大手一挥，指着一块空地，说："没有房子，你们自己挖地窝子吧！"他俩一听，咧嘴乐了，嘿嘿，还可以自己弄房子，有意思。

队长派了个老同志给他们先做示范，学会后，他们就开始挖。地窝子终于挖好了，两个人看着自己的劳动成果觉得很满意。李梦桃看了看说："我们在墙上挖个书架用来放书怎么样？"徐顺师一听连连称好，于是两人又忙开了，一切弄好后，在土台子上放些草就是他们的床了。

住的地方有了着落，接下来就要正式开始学习了。所谓学习就是跟着老的医务人员，采用师傅带徒弟的模式，由他们手把手地教，然后自己看书学习，不懂就问。先从当护士开始，把体温计插到缸子里，拿着记录板给病人量脉搏、量体温、扫地、扫床、铺床等，晚上没有电，提着马灯去看病人。有时也上课，主要讲授护理、药理、解剖等基本的医学知识。

李梦桃聪明好学，在医务人员的传、帮、带下，

△ 李梦桃（右）和徐顺师

他很快掌握了一般的医疗护理技术：给病人量体温、打针、包扎伤口和帮助服药等。由于李梦桃任劳任怨，很快成为受职工群众欢迎和信赖的卫生员。

提起李梦桃刚做卫生员时，还有一段趣事。一次，有个职工因癌症病死在卫生队，正赶上李梦桃值夜班，卫生队的老医生们就捉弄他，说人死了之后会诈尸，晚上还会过来抓人的，你跑到哪里他就跟到哪里，他的手指头插到桌子上能把桌子插出一个洞来。李梦桃才 16 岁，一听这些吓坏了，他哭着跑去找王队长，不敢说不值班，就请求队长用长钉子帮他把门窗钉起来，结果被队长训了一顿："作为医务人员，还怕什么死人啊，快去值班去！"没有办法，李梦桃硬着头皮回到值班室，整个晚上，他都提心吊胆，有一点动静就草木皆兵，吓得冷汗直冒，终于在惊慌中熬到了天亮。

第二天，老医生们知道李梦桃的表现后，都乐得前仰后合。李梦桃这才知道被捉弄了，他摸着头也憨厚地笑了，从那以后他就再也不害怕了。

自己当上卫生员了，将来经过努力就会成为医生，这可是他以前想都不敢想的，想到这些李梦桃兴奋不已。他按捺不住激动的心情，给家里写了一封家书，他没有写在新疆的苦，而是告诉家人自己吃得很好，没受什么苦，水果和肉随便吃，并将领到的 3 元钱寄了回去。当时这些支边青年的前半年享受的是供给制，每月只有 3 元的津贴，直到半年后才是工资制。李梦桃记得自己第一次领工资是童工级，只有 28 元。

这封承载着李梦桃的思念与喜悦的家书，虽然有些是善意的谎言，却给了父母莫大的安慰，他们悬着的心终于放下了一些。儿子走后，母亲仍然经常流泪，担心年幼的儿子受苦，有时午夜做梦，都会在哭泣中醒来。现在，儿子寄来了家书还有钱，母亲拿着家书的手在颤抖：我远在千里的孩子，你什么时候才能让妈妈再看看啊！不过拿着钱，母亲却非常自豪，逢人就说，我儿子寄钱回家了，我儿子要当医生了。虽然家里生活拮据，可是母亲还是将那3块钱小心地包好，像宝贝一样地珍藏，对于她来说，这是儿子的孝心，是无论多少钱都换不来的！

李梦桃在卫生队得到了锻炼，他非常珍惜来之不易的机会。劳累了一天回到地窝子后也不休息，在马灯下继续学习，遇到不懂的就记下来向老医生请教，然后自己又反复琢磨。功夫不负有心人，在他锲而不舍的坚持下，他逐步成为了一名合格的儿科大夫，可以为职工子女的健康奔忙了。

➜ 北塔山上石乱走

★★★★★

1970年10月，师医院需要医务人员，准备将李梦桃调到师医院，让他先到师里报到，住在师招待所。调令还没有下达，又"半路杀出个程咬金"。位于中蒙边境的北塔山牧场也急需医务人员，牧场卫生队队长王鸿儒已经在师部待了一周多了，也没找到愿去北塔山的医务人员。看到李梦桃后，就想让李梦桃去北塔山。

于是师组织部门的领导找李梦桃谈话，问他愿不愿意到边境牧场去，告诉他去了可以骑马，锻炼三年就可回来。虽然师医院条件好些，可是能够到边境上守卫边疆，骑马纵横，让李梦桃心底充满了自豪之情，而且他也不知道北塔山牧场有多艰苦，于是他二话没说选择去北塔山。毕竟当时能够到边境去是一件非常自豪的事情，支边青年穿的背心都喜欢选印有"边防战士"、"军垦战士"字样的，保卫边防是非常神圣的事。

从此，一次简单的抉择，改变了李梦桃的人生轨迹。李梦桃将青春留在了北塔山的土地之上，将岁月交给了艰辛，在缺医少药的牧区给各族群众疗伤治病，用自己的足迹，为医生的天职写下了最好的注脚。

那时，到北塔山不通公交班车，道路也是土路或沙石路。李梦桃先在五家渠等了二十余天，才从五家渠搭便车到奇台，在奇台县城的北塔山牧场办事处等了几天，终于搭乘上了一辆拉运物资和邮件的卡车才上山，又经过整整一天颠簸才到达北塔山牧场。在一天穿戈壁和翻山越岭中，一路上一个人也没有，到达北塔山时，李梦桃已经成个"土人"：满脸的灰尘，头发被吹得蓬乱不堪，真正是"灰头土脸"了，只有张嘴笑时才露出一口白牙。

未去之前，李梦桃憧憬地想：名为"北塔山牧场"，既为山，自然是云雾缠绕山峦，浓如蜡染，淡如水墨；既为牧场，自然是草原像画布上涂满的油彩，烂漫的花儿在晨风中舒展腰枝；活泼的鸟儿欢叫着在花草间跳跃；成群的蝴蝶在花丛中吸吮着晨露；就像歌里唱的："晨风吹动着草浪，羊儿低吻着草香，鞭儿击碎了薄雾，歌声唤来了朝阳……"

真实的北塔山就在眼前了，李梦桃的一切想象破灭了，他心里凉了半截。只见到处山体纵横交错，杂乱无章，光石秃岭，不见树木，哪里是什么牧场啊？这不仅与李梦桃曾经熟悉的南国风光有着天壤之别，而且与他之前想象的山花烂漫草青青的牧场风光相差甚远。

李梦桃刚从车上把简单的行李拿下来，一阵狂风就把他吹得平展展地摔倒在地上，小石头把他的脸砸青了几块。这就是北塔山的见面礼，这就是北塔山的试金石。"出门就是山，遍地没庄稼，风吹石头跑，张嘴沙打牙。"这是当地流传着的一个顺口溜，是这里环境的真实写照。

北塔山向来为中国领土，是一条横亘中蒙边界、绵延近百千米、最高峰海拔 3290 米的山脉。山地面积 2713 平方千米，西接阿尔泰，东连木垒，战略地位重要，直接关系到北疆的战略安全。民国时期国民政府在此设有派出所并驻有一个连的军队把守。

1947 年 6 月 2 日，蒙古边防军向国民政府驻守北塔山的马希珍连长提出让他带着部队撤出驻地的无理要求，并称北塔山是蒙古人民共和国的土地。马希珍拒绝了蒙古方面的无理要求。6月5日，外蒙军队在炮兵和飞机的配合下，向中国守军进攻，马希珍连坚决抵抗，打退了蒙军的多次进攻。在中国守军的顽强抵抗下，蒙军数日的进攻均以失败告终，不得不退回去。

战事爆发后，国民政府把此事向全世界宣传新疆遭到入侵，于是北塔山战事牵动着各方神经，一时成为世界关注的热点，外蒙古方面不得不有所收敛，使北塔山事件逐渐得以平息。这次战争十分惨烈，前前后后一共有过大小战斗二十多次，一直到1948年9月以后才结束战争，战争的废墟多年后的今天仍然依稀可见。

1952年，中国人民解放军新疆军区剿匪部队进驻北塔山，用生活物资从阿勒泰地区青河县兑换羊1000只，在北塔山腹地组建八一牧场。1954年改名为北塔山牧场，隶属于新疆生产建设兵团农六师，这也是该师最偏远的一个团场。

北塔山牧场跨奇台县和青河县境，地处边陲要塞，东北与蒙古国接壤，西北与阿勒泰地区青河县相连，南与奇台县五马场乡相邻。南北长约52千米，东西宽约74千米，总面积约2253平方千米。同蒙古国的边界线长达120千米。牧场距师部五家渠和自治区首府乌鲁木齐都是500多千米，离最近的奇台县城也有200多千米。

北塔山牧场海拔1031～3287米。冬季草场，牧草覆盖率40%～50%，年均降水量160.5毫米，无霜期90～143天；夏季草场，草质较好，牧草覆盖率50%～70%，年均降水量250毫米以上，无霜期60～70天；山前戈壁地区地势平坦，生长有多种牧草，由于缺水，牧草覆盖率20%～30%，是主要的春秋草场。

当时的北塔山牧场有5个牧业队、156个牧业点散落在群山之中，每个牧业点又是一个哨所，牧场居住着哈、汉、蒙、回、藏 5 个民族。牧民们一手拿着羊鞭，一手拿着钢枪，肩负着建设边疆、保卫边防的重任。

由于地处偏远，交通闭塞，环境恶劣，北塔山牧场是一个典型的少数民族贫困牧场，常年缺医少药，而且传染病十分流行。许多少数民族儿童被麻疹、肝炎、肺炎夺去了生命，患关节炎、肺结核、肺气肿和心脏病的牧民很多。尤其是一些产妇遇上难产却无人接生，因出血过多死在毡房里。牧民们急需医生，把医生当成救命的神灵一样对待，这点李梦桃在之后的几十年的行医过程中深有体会。

△ 贫瘠的北塔山牧场

到北塔山牧场后，李梦桃被分配到牧业二队，一个叫乌拉斯台的地方（蒙语：柳树沟的意思）。队上给他发了一个药箱、一匹马、一件光板羊皮大衣、一双毡筒、一块毡子和一支枪。

牧场主要是哈萨克民族牧民（占 90% 以上），他们被称为"马背民族"，世代逐水草而居，过着以游牧为主的生活。春夏两季骆驼驮着毡房、赶着羊群逐步向深山草场迁移；秋冬两季又逐步转移到较温暖的冬窝子。早晨男主人赶着羊群去远处一天不归，女主人在家挤奶、做着家务。年复一年，日复一日，周而复始，演绎着不是传奇的传奇。

哈萨克民族牧民热爱草原，热爱生活，草原处处飘荡着他们的歌声。他们勤劳朴实，热情豪爽，歌和马是哈萨克人的两只翅膀。哈萨克族人是一个热情待客的民族，有客人来都会热情地邀请到家里做客，拿出最珍贵的东西招待、休息、吃饭，甚至住宿。来了尊贵的客人，男主人会按照哈萨克族的礼节宰羊煮肉，真情待客。

牧场放牧羊群的草场叫"窝子"，窝子分春夏秋冬四季，夏窝子在边境沿线的大山顶上的峡谷之中，气候凉爽，水肥草旺，是夏季放牧的黄金地带。冬天来到，大雪就要封山，羊群不得不向比较温暖的山脚下和戈壁滩上转移。戈壁滩一马平川，水枯草稀，气候恶劣，有时风大得难以想象，用"飞沙走石、昏天暗地"来形容绝不为过。他们夏天在夏牧场放牧，冬天又要连人带马搬迁到冬牧场。

牧业点分散，毡房之间一般相距四五千米，有的达十几千米，虽然队部设在乌拉斯台，但牧民带着羊群常年在山里转场，流动性大，生了病不能及时赶到卫生队治疗，经常耽误病情，甚至导致死亡。

李梦桃的职责就是随着牧业点的迁徙而奔波，为牧民们送医送药。每次到牧业队巡回医疗，他总要骑上马，挎着药箱，背上枪，带上水壶和干馕。无论是黄沙漫天，还是风雪交加，都需要出去巡诊。那时候牧区病人很多，肺炎、感冒、关节炎、肺结核、肺气肿是常见病，也经常碰到摔伤、瘫痪和生孩子的病人。

→ # 家乡明月边关雪

☆☆☆☆☆

北塔山，人称"黑山"，又称"秃山"，不长树木，只长些山草，山体是由无数独立的小山纵横交错、杂乱无章地组合起来的。山区气候条件恶劣，生态环境严酷，全年无霜期只有60多天，积雪长达6个多月，年平均气温只有2.4℃。就是土生土长的老牧民，也经常迷失方向。在山头到处可见牧民们用石块、木棍做的各种标记。

山里的天气变化无常，"凭空丽日变风雪，转眼大地起狂飙"是北塔山非常天气的写照。晴朗的天气，说刮大风，飞沙走石，能把毡房卷上天空，能把牛羊打伤。说下暴雨，半个时辰就沟满河平，毫不留情冲垮桥梁和房屋，淹死成群的牛羊。大雪封山之时，积雪深可达一米多厚，牧民就会缺粮断草。

"北塔山，一年两场风，从春刮到夏，从夏刮到冬。"李梦桃是深刻地体会到了。这里的牧民生活非常艰苦，吃饭就是把包谷面干炒一下，也没有油，再烧一些黑茶。也没有筷子，用小手指搅一搅就喝了。喝两三碗茶，把炒面吃完，就相当于吃饭了。有时候啃用牛粪火烤熟的干玉米面馕，特别硬，牙齿都咬不动。只有在改善生活时才能吃上一次油炸的面片。他们也不种菜，一年到头吃不到蔬菜。虽是牧场，牛奶却是很少的，基本上喝不上牛奶。

这种生活让江南来的李梦桃非常不适应。吃饭时，食道经常被坚硬的玉米面馕划破出血，嘴上长满了水泡，几天解不下大便。由于长时间洗不上澡，头上身上长满了虱子，只好把头发剃光，把衣服脱下来用石头砸。

由于牧场是在山上，夏天时，牧民的水是从山下背上来的，冬春时牧民把雪堆在一起，上面盖上羊皮，用时把雪弄到毡房化雪为水。一次，李梦桃去巡诊来到一处毡房，主人热情地邀请他进去喝碗茶，茶端上来了，里面还有羊的粪便，雪融的水里难免有杂质。面对主人的热情好客，他怎么好意思不喝呢？他就这样，慢慢适应了"上马一碗茶，下马一泡尿"的游牧生活。

牧区交通不便，牧业点相隔较远，李梦桃出诊基本都需要骑马，首先要过的就是骑马关。作为长在江南的李梦桃来说，学会骑马显然没有那么容易。虽然他也曾希望自己可以纵马驰骋，策鞭草原，可是到了真正学习的时候才发现完全不是想象中那么简单。

牧场特意为他找来一匹性格温顺一些的老马，他心里虽然没有底，但是还是骑了上去，老马似乎懂得李梦桃的心思，纹丝不动地站在那里，似乎在告诉他："你放心吧，我不会发脾气的。"就这样，李梦桃从遛马开始熟悉，一有时间就去练习骑马。

　　北塔山地形复杂，沟壑纵横，常年积雪，马儿在这样的地形上还要应对各种情况，一不小心就会出现意外。经过一段时间的熟悉和练习，李梦桃终于学会了骑马。同时还掌握了与马儿沟通的好方法，他骑马骑得好，就更方便在牧区工作了。

　　此外，现代生活方式和交通也远离牧场，给李梦桃造成不小的影响。北塔山牧场场部当时连一个邮局、银行营业所、商店、饭店都没有，甚至没有一条像样的路，人们下一次山比进京还难。山里信息闭塞，不通电话，一个月才能收到一次信件、报刊……

　　客观环境的困难，李梦桃咬紧牙关克服，工作上的困难——语言不通让他更受煎熬。哈萨克族牧民们常年在深山里放牧，很少和汉族同胞接触，一个队上能说几句汉话的人寥寥无几，所以到牧点去看病，同牧民无法进行语言交流，诊治病只能靠打手势、靠视觉观察，对复杂的病情往往诊断不清。牧民们打手势做表情，有时候李梦桃还是不能理解，这让他更加着急。

　　由于语言沟通不畅，诊断难免不准，病人痊愈得就慢，李梦桃觉得自己离乡背井来到边疆，努力学习医疗知识，现在虽为医生，却因为语言不通不能很好地给病人治病，让他觉得很泄气。

生活上、工作上的困难一股脑儿地袭来，22岁的李梦桃是多么无助和无奈啊！忙碌了一天，到了晚上，躺在四面透风的毡房里，听着呼啸的山风和不时传来的野狼的嚎叫，李梦桃难过极了，恐惧与思念折磨着他。

他走出毡房，夜色下，月光倾泻在无垠的大地上，一切都在这里宁静无声。绵延起伏的山岭在夜色里，安静无声，天地一体，宁静再宁静，万籁无声。面前的白雪在月光下更显清冷，一帘淡月在如水的夜晚点缀着黑幕，皎洁幽媚，好似一位美丽的女子，在幽幽地吟唱。

李梦桃觉得明月中写满了思念，那是清影在飘荡，那是相思在长夜里弥漫……家乡的明月啊，是否也如这里的一样？他想到了南京路上如昼的灯光，苏州河上如梭的游船，长风公园里鼎沸的人群，他想象着父母温暖爱抚的双手，兄妹漾满欢笑的脸庞……想着想着，李梦桃流下泪来。

北塔山牧场恶劣的环境，似乎是现实故意设置给他的考验，这个南方小伙子在边疆遇到了前所未有的困难。自然条件的恶劣，天气环境的多变，身体的各种不适，语言的不通，这些都使李梦桃开始格外想念上海，想念亲人，扎根边疆的心动摇了。与许多匆匆过往的前人一样，他想离开北塔山牧场，甚至想离开新疆回上海。

去留彷徨皆因苦

→ 失望眼神触心灵

★★★★★

在李梦桃思想消沉、开始动摇的时候，一些发生在身边的细小事情，深深地触动了他，从而坚定了他扎根北塔山的决心。

每次，李梦桃骑着马出去巡诊，每到一处毡房，都会有牧民闻讯赶来，他们的脸上洋溢着淳朴的笑容，能为他们解除病痛的"多古特"（哈语：医生）来了，他们不用再忍受病痛的折磨了。一站一站地走下去，一次一次看到牧民见到医生时的兴奋，李梦桃也无形中受到感染。

一次，李梦桃到最后一个牧业点时，已是黄昏。放眼望去，夕阳下的草场，绵延无尽的山脉中，是无边无垠的广袤与洒脱，生命的顽强与豪放。这片蓝天下的土地养育了热情豪爽的少数民族儿女，为这里增添了生机与活力。看那蓝色的天幕，远处那皑皑的白雪和悄悄涌动的白云，享受那冷峻中的挺立，那柔光中的温馨，那赶着羊群的阿爸额上的一滴一滴汗珠，在夕阳的照耀下，发出丝丝光亮，皱纹间露出的微笑是那么慈祥。

看见李梦桃来了，牧民们老远就打招呼，不一会儿就围拢过来很多人，大家兴奋地喊着："多古都尔（哈语：李医生）、小李子、小李子！"他们围着李梦桃嘘寒问暖并诉说自己的病情，李梦桃耐心地听他们诉说，仔细地询问，然后将药品发给他们……

药箱里的药用完了，还有很多牧民等着医治，李梦桃只好抱歉地对他们说："对不起，药没有了，只好下次再看了。"

没有得到医治的牧民听了，期待的目光变得有些失望，他们住的地方距离牧业点比较远，不能每天都来，只能等到放牧或者天气好的时候才能过来。牧业点太多，医生也不可能每天都来，这次没有看上就又要等上几天了，可是他们什么埋怨的话都不说，脸上依旧带着理解的质朴的憨笑，对李梦桃说："没关系，等你下次来的时候再看吧，你也很辛苦啊，你要注意身体！"

这时，一位牧民从羊群里抱起一只羊，他用手轻轻地抚摸着羊儿，低声说了几句，然后真诚地对李梦桃说："小李子，我们没有什么钱，这只羊送给你吧。你把它带回去，补补身体。你总是这样风里来雪里去，我看你比上次来时还瘦了呢，拿去吧！"李梦桃怎么能收下呢？他知道羊对于牧民的意义，它是他们的伙伴，是朋友，更是生活的来源。

牧民拖着病体，拿着马鞭赶着牛羊走了。李梦桃望着他们摇摇晃晃逐渐远去的背影，似乎听到了他们心底的叹息，心里面不是滋味，真的是既无奈又感动。

他想：多么善良的人们，多么淳朴的情谊，他们太需要我们这些医生了。这里牧区那么大，地方如此偏远，牧业点这么多，牧区里像麻疹、肝炎、消化道等传染病流行，他们非常需要医生，医生又少，牧民们看一次病不容易，又缺医少药的，我要是就这样走了，牧场一时又派不来医生，这些牧民的病可怎么办呢？

每次想到这样的情景，李梦桃都会觉得心痛不已，牧民们善良的关心让他感动，而那些失望的眼神似乎是一种鞭策，一种动力，让他努力，留在他心中，刻骨铭心，挥之不去！

→ **安慰话语暖心怀**

★★★★★

由于受传统习惯的影响加之医疗条件的限制，哈萨克妇女大多都在毡房里生孩子，常常造成母子死亡或造成其他疾病。

那是李梦桃刚到北塔山不久，有个叫努尔哈依夏的年轻产妇在毡房生孩子时难产，这家人向李梦桃求救。当时产妇浑身浮肿，低蛋白血症，大脑缺氧，造成产时子痫等症状，生命垂危，由于医疗条件太简陋，根本不能按正规医院的条件接生。

　　李梦桃之前学习的是儿科，接生孩子还是头一回，他不懂，心里也没有把握。但这方圆几十里之内就他还懂点医疗技术，只能指望他了。他努力使自己镇静下来，按照之前学习的有关接生的知识全力抢救，最后小孩终于生出来，但产妇却由于大出血，没有保住生命。

　　这个产妇才 22 岁啊，李梦桃当时也是 22 岁，本应是青春之花怒放的年纪，可是如今却戛然而止。李梦桃眼睁睁看着年轻的产妇死在眼前，自己是他们找来的医生，却无能为力。产妇的亲人在哭，他也和他们一起哭，难过、自责、愧疚交织在一起，悲痛万分的主人却擦擦眼泪拍拍他的肩膀劝慰他说："这不怪你，乔（小）李子，谢谢你救了我的孩子。我知道你已经尽力了。我们这条件就是这样的，这样的事情发生过很多，我也见到过，有的甚至连孩子也没有救回来。"

　　李梦桃走在回去的路上，心情复杂。他爬上一个高高的沙丘，席地而坐。

　　各种想法在他心中激荡：生活总是不尽如人意，经常会让我们在苦难中磨砺，在窘迫中行进，在无奈中停留，在失望中摸索，但是只有克服这些，生命才会更加厚重与坚实。我离开这里，或许生活上会好一些，条件不会这么艰苦，可是我的精神世界却是一片贫瘠，我想要的是那样的人生吗？

　　此时，他想到了父亲，那位为了国家可以离开大城市到老区去支教，为了孩子奔忙到可以带病坚持上课，他的心里突然晴朗了，困惑他多日的阴霾消散了。是的，留在被需要的地方实现自己的价值，这样才会拥有一生中最宝贵的财富，才会获取永远的力量源泉，才会有一个完整灿烂的人生。

浦江儿女牧民医

★★★★☆

　　李梦桃在北塔山总是被深深地感动着、震撼着，另一件事让李梦桃真正见识到北塔山人的苦和难。一次，有人跑来通知李梦桃，一位牧民病了，疼得满头是汗，正"哎哟哎哟"直叫呢！李梦桃不敢耽搁，连忙骑上马赶去了。

　　李梦桃给病人进行了初步检查，确诊他患了急性阑尾炎。

　　病人的情况十分危急，需要马上动手术，如果再耽搁下去，不能及时治疗会有生命危险的。可是当时牧区条件简陋，只能进行简单的治疗，根本无法进行手术，只能先给他吃一些止疼药和消炎药。

　　李梦桃心急如焚，不能再耽搁下去了，他果断决定护送这位病人到山下的奇台医院手术，可是从北塔山到奇台的交通不便，相隔200多千米，无论如何也不能迅速赶到啊！再耽搁下去，病人可就没命了，这可如何是好？

正在他们为怎么下山愁眉不展的时候，有人跑来说有辆边防部队的车经过这里要下山去，已经被他拦下了，可以坐这辆车去奇台医院。大家一听高兴极了，时间就是生命，李梦桃急忙和病人家属坐边防部队的车去了奇台医院。

终于到了医院，病人家属带的钱不够，李梦桃又把自己身上的钱全部拿出来，这才凑足了手术费。

经过手术，病人终于转危为安了，李梦桃的那颗悬着的心这才放下。他像家人一样守护在病人身边，悉心地照顾他。

病人的病情稳定后，李梦桃急着回北塔山，那里的牧民也需要他啊。可是怎么回到北塔山牧场却成了大难题。当时，路不好走，一时根本遇不到回去的车。没有办法，李梦桃只好在山下等。等到病人已痊愈出院了，李梦桃还没有找到上山的车，直到第 17 天他们才好不容易等到一辆上山送粮的车，这才回到了北塔山。

这件事听上去似乎不可思议，但也真实地反映了北塔山的条件之艰苦，我们无法感同身受，身在其中的李梦桃却感触颇多。这样的情况是他在上海无论如何都不可能遇到的，也是他没到北塔山前只有在小说里才会看到的故事情节，如今就真实地发生在自己的身上。如果没有遇到那辆边防部队的车，这个病人又会如何呢？后果可想而知了。李梦桃想到这些，心情沉重极了，像是有一块大石头压在胸口，使他无法呼吸，一个医生对北塔山牧民的重要性是不言而喻的。

在回去的路上，李梦桃和那位牧民聊起天来。"你们为什么不离开呢？这里条件这么艰苦，搬到山下去住啊！"李梦桃说出自己一直想不通的问题。

牧民想了想说："可是这里是边境啊，总要有人守在这里，这里条件这么艰苦，我们走了就不会有人再来了。我们得守在这里！"

如此朴实的话语，说得那么理所当然，却像一颗石子落入了李梦桃的心湖里，使他再也无法平静。是啊，他只是想到了自己的得失就想要离开这里，却未曾坚守自己对祖国应尽的责任。

"留在这里，守住边疆"，如此质朴的想法，可是实践它却需要怎样的勇气和毅力啊！一个人心甘情愿地留在这样一个孤独寂寞的地方，本身就是一种生命的超越，这里山风的刚烈，这里牛羊的气息，无时无刻不在滋养着栖居这里的每一个灵魂。

从1952年建场以来，各族牧民就坚守在这里，保卫边防、建设边防，屯垦戍边，发展生产，履行党和人民赋予的屯垦戍边使命。

"爱山守山"是北塔人的精神。

李梦桃被这种精神溶化了，思想境界得到了升华，他对自己说：以后无论遇到什么样的困难都不要再打退堂鼓了，要全心全意做好一名医生，为这里的人民做好医疗服务！

牧场缺医少药的落后状况，牧工们朴实善良的品质，北塔山各族人民屯垦戍边、艰苦奋斗、无私奉献的精神，深深地感染着李梦桃，使他感到了做一个北塔山人的光荣和自豪，促使他全身心地去为他们服务，一个人留在一个地方或许是因为那里山清水秀、鸟语花香；或许是因为那里舒适宜人、待遇优厚；或许还因为那里可以大展宏图、建功立业。可是李梦桃决定留在北塔山却是因为那里的苦，他不忍心这里的人们再受那样的苦，他要试图改变那里的医疗条件。

牧民心中绘真情

→ 学会语言好行医

★ ★ ★ ☆

李梦桃决心留下来了，首先他就要克服工作中的最大障碍——语言不通。北塔山牧场 90% 的牧民是哈萨克族，学会了哈语，给牧民看病沟通起来就方便多了。

他买了一个小本子，先从日常用语学起，例如，哈萨克族牧民叫医生是"多古特"，叫病和痛是同一个词"阿乌"，病人指着头说："多古特，巴斯阿乌。"表明他头疼，李梦桃就知道头的哈语叫"巴斯"，在小本子上记下来，就这样一点一点地学会了哈萨克语，不过遇到复杂的病情，他的哈语显然就不够用了。

为了学语言，李梦桃与牧民拉家常。遇到不懂的，他记下来向翻译求教。有些关于病情表述的语言比较复杂，他就用汉字记下来读音、含义，然后在油灯下、在马背上一遍一遍地读。晚上毡房就成了他的课堂，牧民们成了他的老师，很快他就可以听懂牧民的意思了，与此同时，在学习过程中他与牧民的感情更加亲近了。

当然，也发生过让人啼笑皆非的小故事。那是李梦桃刚学习哈语不久，还不够熟练。一次，他和同事一起出去巡诊，到了一处哈萨克族阿妈的毡房，阿妈热情地招待他们，并和他们唠起了家常。

毡房里散发着奶香和酒香，阿妈倒上了满满的一碗奶茶放在他们面前，微笑的花朵在她的脸上绽放："尝尝阿帕（哈语：大妈）的奶茶！"李梦桃端起热热的奶茶和哈萨克族阿妈说起自己的家人、故乡……阿妈看见李梦桃又瘦了，用哈语关心地说："小李子，你又瘦了！要多注意身体。"

听着这关切的话语，李梦桃觉得很温暖，他本想说：我本来就很瘦（哈语：免呀拉克），可是脱口而出说成了"免耶赛克"（毛驴的意思），这样一来就变成：我是毛驴。李梦桃话音刚落，大家就笑得前仰后合，李梦桃也发觉自己说错了，不好意思地跟着笑了起来。

天渐渐黑了下来，阿妈一定留他们住下。附近的牧民听说阿妈家里来了客人也都来凑热闹，大家围坐在一起兴奋地说着笑着，李梦桃也被感染了。

哈萨克族是一个能歌善舞的民族，只要有机会和气氛合适，大家凑在一起就会唱起来、跳起来。阿爸见大家都这么开心就提议说："哎！我们大家跳起来唱起来吧！"于是大家不论男女老少都欢快地唱啊、跳啊，顿时，整个毡房成了欢乐的海洋。

就是凭借着刻苦的学习，不怕被笑话的冲劲，特别是长期与哈萨克牧民生活在一起，李梦桃很快学会了一口流利的哈萨克语。年老的牧民一见他都用哈语亲切地喊"加克斯乌路"（哈语：好儿子），他也微笑地用哈语叫他们"阿开、切谢"（哈语：爸爸、妈妈）。这样，李梦桃给牧民看起病来就更方便了，而且牧民们听见他说自己民族的语言，觉得很亲切，对他就更加信任了。

→ 千方百计学医术

★★★★☆

李梦桃也渴望领略园丁的灌溉，接受知识的洗礼，可是在牧区没有这样的条件，但他从未放弃过学习。牧区复杂的环境，简陋的条件使他深深体会到这里需要一个全能医生，虽然他是一个儿科大夫，可是当遇到外伤或产妇生产的情况，作为医生自己又怎么能坐视不管呢？为牧区群众治病就要掌握精湛的医术，能够医治各类疾病，这才是一个真正合格的医生。

他曾说："要说在这样的环境里工作生活不苦不难，那是假话。也正是这种艰苦的环境和条件，锻炼了我，使我真正懂得了什么是真正的幸福，什么是真正的人生。在牧区当医生，我常常体会到，不仅要有医术，还要有医德，更要有一颗仁爱之心。在毡房里行医，没有大医院那样的先进医疗设备，什么样的病人都可能碰到，更不能看着病人不管。"

因此，现实促使他刻苦钻研业务，如饥似渴地读书，从自己的微薄工资中挤出钱购买医学书籍、订阅医药杂志，他自学了内科、外科、五官科、妇产科等各方面的医学知识。

20世纪80年代之后，随着农六师医师专修班的开班、中国农村智力开发函授学院等远程教育的推广，给李梦桃的学习提供了难得的机会。毕竟，在北塔山那样的环境中，不可能让他长期到相关医学单位去进修、去获得学历，只能在职一边工作一边学习。

晚上，劳累了一天的人们都希望早点休息，当四周安静下来时，只有夜的万籁俱静，连星星似乎都昏昏欲睡。可是，在黑得伸手不见五指的黑夜里，李梦桃却经常在煤油灯下学习到深夜，他已经忘记了疲惫，忘记了时间，此刻，他徜徉在医学知识的海洋里，如饥似渴，像是初春的麦苗尽情地吮吸春雨的滋润，誓将用丰收的喜悦回报深爱的土地。繁忙中，经常是深夜读书的李梦桃第二天又要起早去工作，马背就是他复习的桌椅，夜晚，牧民的毡房就是他完成作业的地方。

他不仅自修完了中专和大专课程，获得过优秀学员的称号，还带动身边其他的医务工作者共同学习，共同提高业务水平和能力，北塔山牧场医院的曲凯等骨干很多都是函授学院的毕业生。

在日常工作中，他不放过任何一个学习的机会，遇到疑难的病症就记下来，回去之后翻看书籍，查阅资料，自己不断琢磨。实在不行就等下山后寻找一切机会向别的医生请教，一定要找到医治的方法。当然，为尽快提高他的医术，更好地为牧民服务，牧场也尽量找机会送他下山去进行短期的进修。慢慢地，李梦桃内科、外科、妇产科、五官科的知识都掌握了一些，逐渐成为一个全科医生。

他常对同事们说："我们是'万金油'医生，在城市的大医院里，咱们不一定是一个出色的医生，但在牧区我们就应该当一个'全能'的好医生，因为牧民们把健康的希望交给了我们，我们要时刻记住自己肩上的责任，因为我们已经适应了牧区的环境，我们更了解牧民的需要，只要是牧民需要的，我们就要全力以赴地做好。"他边学边实践，把学到的医学知识运用到实践中去，这使他的医术快速地提高。

赛里湾有个女牧民叫白提曼，是个寡妇，一个人拉扯着未成年的孩子，放着一群羊。她因患尿路感染，血流不止，病情严重。一天，她感到自己活不成了，就把孩子叫到跟前，含着眼泪嘱咐他们，要照顾好自己，放好羊。李梦桃知道后，骑上马走了两天一夜赶到80多千米外的赛里湾。经过精心治疗护理，白提曼恢复了健康。她拉过孩子给李梦桃磕头，含着眼泪说："热合买提、热合买提! 胡特哈路其。（哈语：谢谢，谢谢，救命恩人）!"

李梦桃救活的第一个人，是个大出血的叫巴赫提的产妇。那时没条件输血，产妇看着李梦桃说："小李子，我要死了。"说完就休克了，床上一大摊血。李梦桃想起曾在杂志上看到林巧稚大夫说过，产妇流血不止时要用纱布把宫腔堵满。于是就不断拿消毒纱布一块块往里填，同时进行抗休克治疗。连续守了两天两夜，产妇活下来了。她的家人专门宰了一只羊，把李梦桃当做最尊贵的客人，请李梦桃吃羊头肉。那一刻，李梦桃兴奋极了："我小李子终于能救人了! 我是一个称职的'多古特'了!"

每一次，他骑马跑上很长的路去抢救一个病人的生命，看到病人脱险后家属激动的情景，他都感到无比欣慰。此时他忘记了疲惫，常常和他们一起高兴得流下激动的眼泪，他觉得自己真正体会到什么是人生价值，也进一步增强了他提高自己医疗技术的决心。

穿越风雪送希望

★★★★★

　　牧民们总说，看到李梦桃就看到了希望，因为他们相信，无论风有多猛，雪有多大，只要有需要，李医生都会赶来帮助他们，多少年来，总是如此。人们经常可以看到李梦桃肩挎药箱，背着一支枪，带着水壶和干馕，骑着马在各个牧业点巡诊的身影。提起李医生救人的事例，牧民们总是泪湿眼眶，说着一件又一件的事情。

　　记得在 1978 年冬天的一个晚上，天空飘着大雪，茫茫雪海笼罩着大地，四周十分寂静，李梦桃正在毡房里看书。

突然有人骑马来报信："不好了，开麦的妻子难产，已经一天一夜孩子还是生不出来，大人也昏迷过去了，家里人急得团团转，不知如何是好，你们快去救救她吧！"在牧区因难产而死，因交通不便，产妇死在马背上、婴儿生在马背上的事例在过去屡见不鲜。

李梦桃听到这个消息，知道情况危急，迅速准备药品和器械，连夜骑马向20多千米外的开麦家赶去。在他来到之前，牧民们想尽了办法，他们在毡房外不断放猎枪、敲打马皮，想靠惊吓产妇使孩子生下来，但都不起作用，大家束手无策，急得团团转。

李梦桃在风雪中赶路，由于风大雪急，在一处陡坡，马一脚踏空将他摔了出去，连人带马跌落到山沟里。李梦桃觉得腰上一阵钻心的疼痛，他想尝试着起来，可是疼痛使他动弹不得，带路的牧民连忙过来搀扶他，李梦桃勉强爬了起来，额头沁出冷汗。牧民用哈语关切地问："李医生，您是不是摔着了？要不您回去吧！"李梦桃强忍着疼痛，说："没事，我们继续走吧！"疼痛使李梦桃无法骑马，他只好伏在马背上，坚持到了开麦家。

赶到之后，李梦桃顾不得喘一口气就开始抢救产妇。经检查胎儿横位导致难产，他沉着冷静，根据掌握的知识为产妇做了外倒转术，他完全忘记了疼痛，一颗心全系在母子身上，整整一夜守护着产妇不敢合眼，随时观察病情变化，直到产妇安全分娩，他那颗悬着的心才放下来，累得瘫坐在椅子上，此时他才感觉自己的腰似乎断了一样的疼。

开麦见到妻子苏醒过来，又听到儿子清脆有力的啼哭声，高兴极了，激动地拉着李梦桃的手："李医生，谢谢你，是你救了他们，我真不知道怎么感谢你才好。希望你给我儿子取个名字！"

△ 李梦桃在给牧民看病

　　这时，一轮红日正从东方冉冉升起，将希望撒给
大地,李梦桃觉得这是个吉祥的征兆，便对开麦说:"就
叫'向阳'吧! 向着太阳就是向着希望啊! "刚当上爸
爸的开麦一听，连连点头，兴奋地向周围的人们喊道:
"我的巴郎（哈语：儿子）叫向阳，我的巴郎叫向阳! "
大家都高兴地笑了起来。

　　这时候，看着一张张笑脸，那么质朴又那么温暖，
李梦桃切实地感受到被人需要的幸福，感受到实现
人生价值的快乐。向阳一直都叫李梦桃"脐带爸爸"，
两家人经常来往，成了交情至深的莫逆之交，现在向
阳已经 30 岁了，是牧场的一名汽车司机。

　　而李梦桃抢救完母子回到卫生队就痛得爬不起

来了，经检查，他的尾椎已经摔裂了，需要静养。可是，李梦桃只养了几天，稍微好一些后，就又奔波在牧业点之间。

有一次，一个叫开米拉西的产妇，她居住的牧业点离场部30多千米，在分娩时胎盘不下来，李梦桃等得到消息后，骑马飞奔赶去。赶到时，他发现脐带的一个残端缠在她的大腿上，鲜血不断地往外流，染红了半块毡子。她的脸色苍白，已处于休克状态。原来，孩子出生后，他们用小刀割断了脐带，又害怕胎盘上的脐带残端缩进子宫内，因此，只好用绳子缠绑在产妇大腿上。身边的亲人和邻居们急得团团转，不知如何是好，只求"胡大"保佑。在这紧急情况下，李梦桃用手一点一点先将胎盘剥离，经过两个多小时的艰难抢救，止住了开米拉西的大出血，保住了她们母子的性命。

李梦桃不仅为北塔山牧场的牧民服务，周边地区的牧民有困难也会找他，他都尽自己最大的努力帮助他们。

1975年1月，富蕴县有一名哈萨克族牧民不满周岁的女儿，得了肺炎合并心衰，病情十分严重，便派人去牧业队求医生帮助治疗。虽然不是自己负责的地区，但是李梦桃觉得作为医生救死扶伤，义不容辞。

为了赶时间给孩子看病，李梦桃和另外一名哈萨克族同事不敢耽搁，分乘一匹马和一峰骆驼上了山。不巧路上遇到了大风雪，寒风呼啸，雪雾茫茫，天地一色，骆驼原地转圈不走，要不就原地卧倒硬是不起来，马则扬起前蹄，大声嘶叫，无法前行。无奈之际，他们只好停了下来，死死地拉着缰绳，蜷缩在骆驼的身边。凛冽的寒风像刀子一样割着他的脸，雪花不断地钻进他的脖子里，这刺骨的寒冷让他感到他还活在这个世界上，但却不知道自己还能坚持多久。就这样，他们和骆驼与马相依在风雪中经历了一夜的寒冷和恐惧。

第二天早上雪停了，厚厚的雪盖住了前行的路，他们勉强打起精神在饥寒中扒雪开路，又继续向前赶路。终于，他们到达了牧民家里。

一家人本来满怀希望地等待着医生的到来，可是漫天飞舞的大雪让他们彻底失望了，这么恶劣的天气，很容易在雪地里迷路而被冻死，医生们怎么会冒着生命危险赶来呢？

然而，风急雪骤挡不住他们对牧民的深情，山高路险阻不断他们行医的脚步，李梦桃他们真的来了，这是生命的希望啊，见到了医生，孩子的父母感动得不停地说着谢谢。

李梦桃和同事给病危的孩子治疗，寸步不离地守在她身边 7 天，终于把孩子从死亡线上救了过来。这位牧民流着眼泪对他们说："你们冒雪来救我的女儿，我不知道怎么感谢你们啊！是你们北塔山的医生救活了我女儿，长大我一定叫她嫁到北塔山！"后来这名哈萨克族女孩子长大了，真的成了北塔山人的媳妇，成为当地流传的佳话。

而对于李梦桃等人来说，挽救了一个人的生命，他自己也感觉到非常高兴，非常自豪，成就感油然而生，觉得自己是世界上最有用的人。

→ 医患真情写青春

★★★★★

人，最宝贵的是什么？可能很多人的回答是生命。那么，如果用自己的健康和生命来换取别人的健康，人们又会作出什么样的抉择呢？

李梦桃用自己的实际行动告诉人们，对于他来说，少数民族兄弟的健康最重要。

刚生出来的小孩，有的时候有窒息的情况。有一次，李梦桃接生的一个孩子，刚出生就窒息缺氧了，经过检查，他发现婴儿被痰堵住了口腔和鼻腔，必须马上吸痰才行。可是，在毡房里根本就没有吸痰的设备，怎么办？李梦桃毫不犹豫地将孩子抱起，嘴对嘴地进行吸痰。刚出生还未清洗的孩子身上有着产妇的血还有一些分泌物，凑近就有一股血腥味让人觉得恶心难忍，更别说要用嘴进行吸痰了。李梦桃可没想那些，他只知道几秒钟的迟疑可能就葬送了这个幼小的生命，而自己只要将痰吸出，这个可爱的孩子就可以迎着美丽的朝阳，吸着花儿的芬芳长大。李梦桃动作娴熟地用手捏住婴儿的鼻子，然后用嘴把堵塞在他鼻腔、口腔中腥臭的浓痰吸出来，然后吐掉，接着抓住婴儿的脚使他倒立，用手掌轻拍婴儿的后背使他肺部扩张，婴儿就哭出来了，哭的声音越大，肺活量就越大。只要哭出来，婴儿就可以自主呼吸了。

这些动作李梦桃做过多次，救过许多的孩子，很多在场的人都被他所震撼，钦佩之情油然而生，孩子的父母更是觉得这个医生不仅是恩人，更是自己的亲人。对于李梦桃来说，这些没什么，在牧区工作，这些都是必须要面对的。作为医生，只要能救人什么事他都可以去做，他都愿意去做。

北塔山牧场没有血库，作为这里的医生，就是一个活动的血库，当病人需要输血救命的时候，他们就会毫不犹豫地伸出胳膊来为病人献血。

李梦桃第一次给别人输血，是输给一个一周岁左右的孩子。70年代初，李梦桃刚到北塔山工作不久，随一位老医生出去巡诊时，发现一个孩子因贫血得了肺炎。孩子的病情非常严重，呼吸困难，面部发青，随时都有生命危险。检查发现他的血素只有5克，需要输血。老医生直接就说："小李，你是O型血，就输你的血。"李梦桃以前从没输过血，有些害怕和紧张。就问，要输多少？老医生一看他的样子，就说："不用害怕，50毫升就够了。"因为大人的血液里有一定的抗体，通俗地讲有营养物质，有一定的抵抗力，能改善患儿的呼吸功能，对病情的恢复有很大的作用。这是李梦桃第一次直接给病人输血，有一点恐惧心理。但一看孩子输上血后，病情立即好转，李梦桃的成就感一下就上来了。

△ 李梦桃在巡诊的路上

多年来，李梦桃不记得自己献过多少次血了。跟随李梦桃出诊的人经常看到的情景是：李梦桃仔细认真地检查，竭尽全力地抢救，当病人缺血需要输血时，他常常是右手刚放下手术刀，左手袖子就一挽，习以为常地说："看看他是什么血型？我是 O 型血，可以输我的。"

奉献精神的感染力是无穷的，李梦桃的个人行为已经成为北塔山牧场医生们的集体行动，李梦桃说自己也总被同事们感动着。一次，一位病人手术时大出血，命悬一线，需要马上输血。没有血怎么办？李梦桃首先说："先验血，可以的话就先输我的！"一起工作的医务人员也纷纷挽起袖子，把各自的血输给病人。已经输了400毫升血的李梦桃没有半刻的歇息，又坚持做完了手术。手术结束了，他却脸色苍白，虚汗布满额头。

后来牧民知道病人要输血后，立即就想办法把自己家的亲戚朋友都叫来，尽量输自己亲人的血，倒是给北塔山医院的输血解决了大问题。

奉献是无私的，我们的国家因有千千万万的英烈流血牺牲，奉献了自己的生命，才有我们现在的国家；我们在社会主义现代化建设进程中，有无数的劳动者在创新、在发展、在建设，才让我们过上现在的小康生活。对在北塔山工作的李梦桃来讲，尽一切可能，让一个新的生命顺利来到这个世界，把患者从死亡线上挽救回来，是他的本职工作，也是一种无私奉献的表现形式。毕竟北塔山环境比较苦，生活也比较苦，不是一个享受的地方。其实在整个边疆，无论种地放牧的农工，还是救死扶伤的医生，无论是万里赴疆的支边青年，还是世代居住的牧民，他们用自己的行动，用自己的青春，甚至自己的生命践行着一脉相承的无私奉献，默默地书写着一首屯垦戍边的史诗。

血浓于水的深情

→ 风雪迷途显醇情

☆☆☆☆☆

对于李梦桃来说，从内心深情地热爱北塔山是从热爱牧民开始的。牧民们多次救他于危难之中，这些李梦桃都铭刻于心，无法忘怀。

那是他刚到北塔山不久，对地形还不是十分熟悉。一次，他骑着马去山里巡诊，遇上大雪封山迷了路，雪越下越大，李梦桃骑在马上完全分不清楚方向。到处都是白茫茫的一片，只有光秃秃的树木和呼啸的风声。马儿似乎明白李梦桃的心思，焦急地打转。

李梦桃面对着空荡荡的大山有些绝望了：看来我今天是要被困在这里了，可惜来到这里，还没做什么事情，真被冻死在这里，也太不值得了。不行，我得坚持！说的容易，在大雪中迷路，连当地的牧民都不能应付，何况这个初来乍到的江南小伙？已经走了三个多小时，还是找不到牧业点的房子。这时的风更大了，可以"推"着马匹走；

这时的雪更猛，马蹄站在雪中几分钟，就被雪埋了十几厘米。

这时，人不能息，马不能停；人息、马停下来就可能被暴风雪吞没。他猛抽了一马鞭，又在白茫茫的山峦中寻找牧业点的方位。可是风越刮越大，人在马背上坐不住，只能趴在上面搂住马头往前走。马呢？不需自己动蹄子，秒速七八米的大风就已"推"着它快跑。

此时的气温急剧下降，大红马的鼻孔、嘴角都结满了白霜。李梦桃自己的双脚也失去了知觉。"不能再骑在马背上了，必须下地活动活动。"李梦桃跳下马，牵着缰绳，与马儿一块儿蹚雪继续寻找牧业点的方位。

十几个小时过去了，李梦桃还是没有找到正确的路，他又冷又饿，肚子开始咕咕地叫，骑着的马儿似乎也坚持不住了。李梦桃彻底地绝望了，决定听天由命。

正在这饥寒交加的关键时刻，一个哈萨克牧民出现了。原来按约定的时间没有见他到来，天又下大雪，许多牧民非常担心他，就冒着严寒和风雪出来找他。

此时的李梦桃见到了亲人，眼泪情不自禁地流了下来，他感动得一句话也说不出了。那位哈萨克牧民看见李梦桃，连忙跳下马来，跑上前把已经冻僵的李梦桃抱下马，然后急忙脱下自己的大衣把他紧紧裹起来，一边叫着他的名字，一边帮他搓手。他心疼地流下眼泪，这个年轻的小伙子是多么不容易啊。

等李梦桃缓了过来，牧民又从怀里掏出仅有的半个带着体温的玉米面馕递给他，说："小李子，饿坏了吧，先吃点，好有力气回去啊。"把大衣让给李梦桃的牧民自己在寒风中瑟瑟发抖，离家多年的李梦桃想起了自己的父亲，那位疼爱自己、少言寡语的父亲。这位牧民所给予李梦桃的又何止是一件大衣，更是一份亲人的温暖，家人的关怀。

牧民看李梦桃好多了，就把他扶上马，带他回到了毡房，端上热热的奶茶，哈萨克族阿妈慈祥地抚摸着他的头安慰他，等到雪停了才把他送回医疗队。

北塔山牧场在中蒙边境，离蒙古国很近，在国界附近，像前面这样迷失方向、找不到路的情况时有发生。往往在这个时候，一些牧民合伙来找李梦桃，当找到李梦桃的时候，彼此都觉得非常的高兴和愉快。而每每提起这样的事情，李梦桃都眼眶发红地说："都说我救了无数人的生命，其实没有这么好的少数民族亲人们，我现在怎么还会活着呢！"

→ 感谢哈萨克亲人

★★★★★

李梦桃虽然自己是医生，却有严重的胃溃疡。因为他在牧区巡诊，总是吃饭不定时，有时牧业点的病人太多，他只顾着为他们诊治，总是忘记吃饭，即使吃饭也是就着水简单地啃几口馕，渐渐地，胃就开始不舒服，最后拖成了胃溃疡。

有一次，李梦桃在巡诊回来的路上，胃溃疡的老毛病突然犯了，疼得他脸色煞白，冷汗直淌，趴在马背上不能动弹。他没有力气控制这匹马了，放开缰绳。他心里想，可爱的枣骝马啊，你带到哪儿算哪儿吧。这匹枣骝马是李梦桃的战友，陪着他走了无数的巡诊路，它通人性似的穿过无数的山梁和一条条的沟壑，将他驮到一座毡房门前停下了。

一个哈萨克老阿塔（哈语：大爷）听到毡房外的马蹄声，出来发现了趴在马背上的李梦桃，于是把李梦桃抱进了毡房让他躺下。老阿塔关切地问李梦桃："小李子，你这是怎么了？脸色怎么这么不好啊？"李梦桃忍着疼痛说："没事，阿开（哈语：爸爸），胃不舒服，休息一下就没事了。"

老阿塔一听着急了："还说没事！你看你疼得满头是汗，你以前不是说胃不舒服要吃些软的东西吗？不行，得让你吃点好的！"旁边的布鲁根老阿帕（哈语：大妈）一听，连忙说："我现在就去做！"她将家里仅有的一点白面拿出来做了一碗热腾腾的面条端到他的面前，慈祥地对他说："来！趁热吃了它，吃完就会好多了！"

李梦桃看了看他们自己的小孩却在啃着玉米面馕，那个玉米面馕硬得咬不动，他说："还是给孩子们吃吧！"阿帕听了有些不高兴了，有些生气地说："不行，叫你吃你就吃，吃了才会好受些！你给我们做了那么多，吃碗面条还推辞什么！"李梦桃含着眼泪吃了这碗面。

晚上，老阿帕把家里唯一的一条棉被盖在李梦桃身上，而他们自己却盖着毡片和光板羊皮大衣。

李梦桃躺在毡房里感动得彻夜难眠，哈萨克牧民淳朴忠厚和善良的品德深深地感动着他。多好的阿帕啊，他想到了日夜牵挂他的妈妈，心里说：妈妈，您放心吧，这里同样有爱我的妈妈！

"为什么我的眼里常含泪水？因为我对这土地爱得深沉。"李梦桃动情地说："这么好的民族兄弟，这么好的人民群众，我要不全心全意为他们服务，我的良心何在，责任心何在？"

→ 民汉和同为一家

★★★★☆

"疆理虽重海，车书本一家。"唐朝诗人温庭筠曾经用这样的诗句来描述民族之间亲密的关系。自古以来，新疆地区的各民族之间就有着亲如一家的紧密关系。

巡诊之余，李梦桃经常参加哈萨克族的各种活动，阿肯弹唱会使歌声在蔚蓝的天空飞扬，姑娘追的现场洋溢着欢歌笑语。在北塔山与牧民共同生活的过程中，李梦桃的性格也受到了感染，变得粗犷、豪迈。汉族与少数民族的文化与传统在这里得到完美的融合。

李梦桃不仅在北塔山牧场治病救人，而且还尽其所能帮助他们，送医更要送温暖，使各民族之间相处更加和谐，休戚与共，情同手足。他说："民族团结主要体现在互助、互帮，帮助他们发展生产，帮助他们创建、创造更好的生活，能够和他们融洽地生活在一起。特别是学了他们的语言，语言沟通了以后，更加加深了我们之间的感情交流。我觉得民族团结不是一句空话，应该落实到行动上，这个行动就是各民族共同团结发展，相互支持，相互尊重，为我们的美好生活创造一个更好的未来。"

在实际工作中，李梦桃也是这样做的。他总是严格要求自己，在连队十几年的巡诊生涯中，他每到一个巡诊点，除巡诊外，总要帮牧民干一些力所能及的活，吃住在牧民的毡房中，与他们打成一片，与连队的每一户牧民都关系融洽。即使后来当上医院的院长，他还是主动深入连队和畜牧队，挨家挨户、住连入户访贫问苦，调查研究，了解牧民思想动态，尽可能地解决他们的困难。同时，不论酷暑严寒，他仍然坚持到牧业点巡诊治病，并经常利用节假日走访一些有困难的退休牧工家庭，免费为他们治病。

对于来医院看病交不起药费的牧工，李梦桃就号召大家主动解囊相助，帮他们付款，渐渐地，帮助困难牧工付款治病成了大家的自觉行动。少则几元十几元，多则上百元，多少年来，这个好传统一直没有改变。

1999年1月，草建连的哈萨克族职工哈买提身患重病，需要住院治病，可他家孩子多，妻子体弱多病，经济条件差，承包牧群亏损达上万元，家中生活十分困难。一家人为治病花钱愁得吃不下饭、睡不好觉，整日唉声叹气。当李梦桃知道这个情况后，及时组织医院的医护人员开展了"为哈买提捐款治病献爱心"活动，一共捐款 2000 余元以解他们的燃眉之急。

当钱送到哈买提手上时，哈买提全家感动得热泪盈眶。哈买提紧紧拉着李梦桃的手，久久说不出话来。在他住院治疗期间，李梦桃经常带着营养品前去看望，悉心安慰："你不用愁，医药费我来想办法，你就放心养病吧！"哈买提逢人便说："李医生真是个好人，

△ 李梦桃和牧民在一起

是我的亲人!"

李梦桃热心帮助的人又何止哈买提?哈依巴尔是北塔山牧场畜牧一连的哈萨克牧工,他家劳力少,孩子多,妻子体弱,承包羊群欠款高达10万元,自己也灰心丧气了,开始破罐子破摔,家中穷得丁当响,成了全连乃至全牧场有名的特困户。李梦桃看在眼里,急在心上,他觉得自己是一个党员干部,有责任有义务帮助牧民摆脱贫困。

2001年,李梦桃主动上门与哈依巴尔结成帮扶对子,刚开始哈依巴尔觉得没有信心,他垂头丧气地说:"我家的情况这么糟糕,我看无论做什么都没有办法了。挣钱哪有那么容易啊,我还有那么多欠款呢,真不知道该怎么办?"李梦桃耐心做他的思想工作:"别灰心,路是自己走出来的,没有克服不了的困难。我们一起想办法,我相信只要你勤劳肯干,就一定能够过上好日子!"

他帮哈依巴尔分析贫困的原因,帮他出主意、想办法、定措施,引导他走勤劳致富的道路。除了自己花钱买了5只生产母羊送给他,帮他发展生产、增加收入外,李梦桃还经常和妻子到他家送去大米、面粉、清油、茶叶和衣物等生活物品,帮助照顾他的家人,解决他家里的生活困难,解除他的后顾之忧。

经过引导和帮助,哈依巴尔对生活又充满了信心,懂得了勤劳才能致富的道理。他不仅想办法外出打工挣钱,并根据自己的特长主动联系承包放牧外单位的一群羊,一家人的生活终于有了着落。哈依巴尔将李梦桃视作自己的亲人,有什么想法或者心里话都要找这个好大哥唠一唠,心里就觉得亮堂了。李梦桃看到这一切,心里觉得特别欣慰,他觉得自己不仅要做一个合格的医生,解除人们身体上的痛苦,也要去解除他们心里的痛苦,这才是真正地帮助他们。

这样的事情，李梦桃遇到一件就管一件，遇到牧民住院没有医药费，他就用自己的工资做担保，有时一次就把几个月的工资担保出去了，牧民最后不能缴清医药费，医院就从李梦桃的工资里扣除。多年来，他为患者治疗病痛，给贫困牧民生活勇气，即使他垫付的医药费可以算清，但他的关心、温情又怎么用金钱来计算呢？

尤为难得的是，在李梦桃的影响和带领下，北塔山牧场医院就像一个多民族的大家庭，各族同志互相学习，取长补短，和睦相处。每逢古尔邦节等少数民族节日，汉族同志就主动到医院值班；每逢过春节，少数民族同志又主动值班。这已经成了牧场医院的惯例。

心底无私有真爱

→ 医者仁心苦妻儿

★★★★★

李梦桃在北塔山为牧民送医送药，可是自己的终身大事一直耽误着，到了 27 岁还没有成家，大家看了真替他着急。通过热心人的介绍，李梦桃认识了在牧场学校教书的女教师陈立玲，她漂亮温柔，善解人意，李梦桃怎么可能不喜欢呢？

说是介绍，其实李梦桃早就落入陈立玲母亲的眼中。陈立玲的父母是江苏支边青年，其母亲在医院食堂做饭，而李梦桃经常到食堂去打饭，一来二去，陈立玲的母亲发现李梦桃是个不错的小伙子，非常喜欢他，打饭时经常给李梦桃多打点。于是有心人就从中牵线，为李梦桃成就这段姻缘。

两人谈对象时，陈立玲父母对李梦桃非常好，家里做好吃的都叫他去，把他当亲生儿子一样疼爱。

1975 年 8 月 1 日，他们结婚了。是回上海旅行结婚的，李梦桃带着新婚妻子回家看望父母。

或许好事多磨，当李梦桃两人从上海旅行结婚回来时，陈立玲的父母接到调令——调离北塔山牧场，去条件比较好的山下工作。父母考虑到北塔山牧场条件的艰苦，于是做陈立玲的工作，想把她也一起带走。陈立玲询问李梦桃的意见，李梦桃说："山上条件艰苦。你要离开我不反对。不过，我要留在北塔山为民族兄弟服务。"陈立玲思前想后，还是决定留在北塔山，在之后几十年里无怨无悔地支持着李梦桃的工作。看到女儿的决定，陈立玲母亲临走时语重心长地对女儿说了一句话："你以后可就要受罪了哦！"

结婚以后，李梦桃还是把全部的精力放在牧区，

△ 身着民族服饰的李梦桃与妻子陈立玲

放在患者的身上，没法像一位合格的丈夫那样呵护妻子。

他常年要出外巡诊，平均每年要在外300天以上，家中里里外外就靠妻子一个人，劈柴、挑水、做饭……尤其是女儿出生之后，妻子就更加操劳了，经常是一手抱着孩子，一手做饭吃。

陈立玲要关心自己的学生，照顾孩子，还要操持家务，同时还要为外出巡诊的李梦桃担心，有时劳累得病倒了也是好心的同事帮忙照顾，其中的艰辛与不易可想而知。而李梦桃每次回家，妻子都要烧一大锅热水，先让李梦桃洗澡，并把换下来的衣物用开水烫，以杀灭虱子。即便如此小心，也不可避免地有漏网之"虱"被带进家中，骚扰家人。

即便如此，她从没有一句怨言，总是一个人默默承受，无私地相守。

转眼就是几十年，没有玫瑰，没有情话，日子看似平平淡淡，却是多少人渴望拥有的难得的真情。对于妻子的支持，李梦桃也只能怀揣愧疚，他认为最好的回报就是更好地工作，才不枉费妻子的辛苦。

李梦桃出去巡诊，经常一去就是几个月，洗不成澡，脸是黑黑的，头发长得很长，简直成了丐帮的帮主。

孩子不会讲话时，一见他这样子回来就往她妈妈怀里躲，怎么能怪孩子胆小呢？别人的爸爸都在身边，陪着玩耍，可是自己的爸爸每次回来都满身泥土，她总是记不得自己爸爸的样子，等刚有些熟悉了，爸爸就又要走了。

一次，李梦桃随转场的牧民巡诊，一去就是四个月，在外无法理发，他的头发好长，皮肤也变得黝黑，1岁多的女儿不认识爸爸了，挡着不让他进门，更别说让他抱一抱了。晚上，女儿又问妈妈："这个叔叔为什么住在我们家？快让他走吧！"作为爸爸的李梦桃看着怯生生的女儿，不知道应该说什么，他的心里都是对妻子、对女儿的愧疚啊！

70年代的北塔山蔬菜水果缺乏，女儿4岁多还没见过西瓜。一次，边防战士从山下拉了一车西瓜，送给李梦桃两个，他高兴地抱回家来。女儿睁大惊奇的眼睛，好奇地连声问："爸爸、爸爸，这是什么？这是什么好东西，能不能吃？"听了女儿的这些话，李梦桃这个无论苦累都很少流泪的汉子心酸得哭了。

新疆是闻名的瓜果之乡，可是生在这里、长在这里的孩子竟然没有见过西瓜，这能不让人心酸吗？

牧场学校缺老师，妻子的工作实在离不开，只好把孩子放在家里，锁上门去上班。一次，妻子回到家，发现孩子正在地上哭，嗓子都已经哭哑了，脸上也摔青了，她抱住女儿无助地哭着，她也是母亲啊，怎么可能不心疼呢？没有办法，妻子就花钱雇人帮助照顾孩子。当时她的收入每个月才不到40元，雇人看孩子就要花去30元。

小女儿出生后，对于夫妻俩来说，照顾孩子成了大问题。李梦桃是指望不上了，妻子更是分身乏术。只好把孩子锁在家中，让她们自己照顾自己。

在大女儿4岁、小女儿2岁那一年，两个小孩在家中，玩出了一次令李梦桃多少年后仍然心惊胆战的事。原来，妻子要上课，就把两个孩子留在家里，她回到家时发现孩子不见了。她紧张地到处寻找，后来听到衣柜里有声响。她心头一紧：坏了，孩子不会跑到衣柜里去了吧。那里可是放着戍边用的枪支和手榴弹呢！她三步并作两步冲过去，迫不及待地拉开柜门，看到的景象差点把她吓得晕过去。只见，两个女儿依偎在一起，大女儿的一只手拿着手榴弹，一只手正在卸盖子，好奇地玩着呢！妻子急忙将手榴弹夺了过来，生气地嚷道："谁让你们玩这个的？不要命了？"两个孩子被妈妈的喊声吓得大哭起来，她们不能理解，妈妈怎么一回来就冲着她们发脾气呢？妻子把手榴弹换了几个地方，可是心里总是不能踏实。李梦桃巡诊回

△ 李梦桃的两个女儿

到家听后，惊得直冒冷汗，赶紧在墙上的高处钉上钉子，把手榴弹包好放在布袋里与枪支一起挂在上面，夫妻俩这才放心。

1986 年，那时远在上海的母亲的生活有所好转，由于拆迁已经住上了新楼房，政策也允许支边青年可以安置一个子女回上海，母亲希望李梦桃可以送回去一个孩子，能尽力给孩子一个好的生活环境。李梦桃纵然有万般不舍，最后还是决定送大女儿去上海，这样还能留在母亲身边照顾她，也算替自己尽些孝道。

1991 年，大女儿李岚 15 岁，刚刚初中毕业，她成绩优异，很想继续读高中，将来考大学。可是，在父亲的劝说下，她只好考到了上海毛纺技校，毕业后当了一名纺织工人。

李岚远离父母，跟随奶奶生活，其中的辛酸又有谁能够了解？虽然有奶奶的疼爱，可是父母的爱是无法替代的。每到过年的时候，李岚就格外难过，到处都在放烟花，合家团聚的时刻，她只能一边流泪，一边想着爸爸妈妈和妹妹。

她不愿意一个人留在上海，情愿待在新疆，至少是跟爸爸妈妈在一块儿。命运似乎总是与人开玩笑，李岚才毕业不到半年，工作的毛纺厂效益不好，要压锭，李岚下岗了。好强的她做过各种工作，在酒店当过服务员，在超市做过售货员，吃过不少苦。

那时，爷爷奶奶都已经去世了，才 18 岁的李岚必须独自面对生活的艰难与孤独，个中滋味可想而知。

风雨纵然猛烈，可过后彩虹会更外绚丽。到 2000 年后，李岚经过自己的努力，逐步从领班、组长、部长成为上海一所知名酒店的经理，这很让李梦桃欣慰，虽然缺少父母的关怀，但她通过自己的拼搏和努力有了属于自己的一片天地。

小女儿李静一直和父母一起生活在北塔山，小学、中学都是在北塔山牧场上的，那里缺乏师资和教学设备，李静成绩一直也很优异，可三年的初中她念了五年。原来，她在牧场的中学念到初二时，学生太少开不了班，就只好重读初一。升初三时，因为同样的原因，她又重读了一次初二。

任劳任怨的妻子心疼女儿，想为她换一个好的学习环境，她和天下所有的母亲一样，自己吃苦没关系，可是不忍心自己的孩子吃苦啊！她劝丈夫："为了女儿，就换个地方吧。"李梦桃何尝不疼爱女儿，但他割舍不下牧场那些需要医生的哈萨克族牧民，没有同意。

李静也格外懂事，理解父亲的选择。她初中毕业后，考上了一所卫生学校，毕业后继承父业，又回到离父母工作地很近的农六师奇台医院当了一名护士，像她父亲一样工作在医疗战线，救死扶伤，治病救人。

→ 自古忠孝难两全

★★★★★

小时候，乡愁是一枚小小的邮票。

我在这头，

母亲在那头。

……

后来啊，乡愁是一方矮矮的坟墓。

我在外头，

母亲在里头。

……

每次看到这首《乡愁》，李梦桃都会泪湿衣襟。试问，哪一个在外的游子不思念故乡呢？李梦桃也是一样。春夏秋冬，思念的翅膀飞不出父母温情的视线，鸿雁传笺带去游子思乡的情怀……

因为工作忙，而且交通不便，李梦桃很少能够回到上海看望双亲。1980 年底，他得知父亲患了肺癌，病重入院，就向领导请了假，带着妻子和两个女儿回上海探亲，这是李梦桃到北塔山后再次回上海。

他坐在父亲的身旁，看到瘦骨嶙峋的父亲，忍不住落泪了。花甲之年的父亲已经病得躺在床上起不来了，看到远离家乡的儿子终于回来了，他泪水纵横。

李梦桃和父亲说边疆，说热情的少数民族兄弟，说与他们的点点滴滴，父亲也被感动了，拉着他的手对他说："你在边疆地区工作，回来一趟不容易，万一爸爸不行了，你就不要回来了，在山上烧一点纸，就算尽孝了，那里的工作要紧啊……"

当时李梦桃回一趟上海要走十多天，从北塔山到煤窑，再到一〇九团，然后到奇台县，在奇台县一天有一班车发到乌鲁木齐的碾子沟，再从乌鲁木齐买火车票到上海，确实非常不容易。李梦桃听了父亲的话是多么的百感交集啊，思念、心疼、愧疚、不舍……

回到北塔山半年后，他的父亲就去世了，家里打电报告知，但电报只能打到奇台县城，由于北塔山不通电话，也很少有车上山，一个半月后，李梦桃才得知父亲去世。拿着这封沉重而使他无比愧疚的电报，他跑到山沟里，面向家乡的方向，双膝跪地，痛哭了一场。都说"男儿有泪不轻弹"，可是"只因未到伤心处"啊！他虽然知道父亲沉默少语，可是心中却是深深地挂念着自己。现在，竟然连父亲的最后一面也没有见到，他怎么会不悲伤呢？

1994 年，李梦桃的母亲去世，同样由于通讯不便，他也是在很久后才知道这不幸的消息的。李梦桃刚支边去新疆的几年里，母亲因为思念、担心儿子而终日哭泣。吃饭的时候总是下意识地摆上大儿子的碗筷。"儿行千里母担忧"，只要知道街道里有支边青年回家探亲，母亲总会跑去打听自己儿子的状况，把家里最好的东西拿去，恳求人家带给儿子，几十年总是如此。

母亲临终时，曾一遍遍地叫着他的小名，这位老人临终时的愿望就是能看看多年未见的儿子一眼，这个愿望竟然都未能实现。

李梦桃 16 岁离开家来到了边疆，到父母去世时的 30 年中只回过几次家。无法照顾令他敬佩却病魔缠身的父亲，无法守护令他牵挂的疼惜爱怜他的母亲，无法关心疼爱可爱的弟弟妹妹，未曾尽过孝子之责，每每想到头发已经斑白的父亲和因为操劳而面容憔悴的母亲，心中就愧疚不已。

对于这一切，李梦桃只能对自己说"忠孝不能两全"，他以更加忘我地工作来代替愧疚。能做的，就是父母在世时，不管自己多苦、多累、多难，都告诉父母自己在新疆一切都好，在新疆有西瓜吃，有羊肉吃，生活很不错，领导关照自己，同事之间相互帮助，让父母心中宽慰，尽量少挂念自己。他想，父母的在天之灵应该会理解他这个儿子的苦衷的。

→ 育人筹款建医院

⭐⭐⭐⭐⭐

由于工作需要，1981 年李梦桃被调到场部医院，1987 年他从一个普通医生直接被提拔为医院院长、院党支部书记，职务变了，但他为牧民服务的思想没有变。

长期的工作实践让他认识到，要想搞好牧区的医疗卫生工作，为人民的健康服务，首先要有一支稳定的医疗队伍，不然都是一句空话。

从 20 世纪 70 年代以来，上级曾给北塔山医院派来几十名本科、专科和中专毕业的医护人员，但因工作条件艰苦、生活环境差等原因，绝大多数人没待多久都离开了北塔山，留下的寥寥无几。其中在李梦桃手中就先后有 48 名医护人员陆续离开了北塔山。

现实提醒李梦桃，要想提高当地的医疗水平，就要培养一批留得住、用得上的医务骨干。

他认为抓医疗队伍建设，首先要培养土生土

长的哈萨克族后代，他们的亲人就生活在这里，他们对这片土地有着深厚的感情，对这片牧场有着难舍的依恋，同时更了解当地的情况，也会是一支稳定的队伍。

于是，李梦桃开始办班，先后办过护理学习班、妇产学习班等，培养基本的医护人员。随着条件的好转，李梦桃和院党委又决定，选拔一批有文化、有素质的哈萨克族男女青年进行培养，采取不同的方式将他们送到师卫校、师医院、兵团医院和内地大医院去学习和进修。

这些哈萨克族的后代非常珍惜这些学习的机会，刻苦钻研，努力提高自己的专业水平，学成归来后，他们积极热情地工作在自己的岗位上，由于他们语言相通，了解患者的情况，医治时就更贴心，深受牧民的喜爱。

李梦桃时刻关注着这支队伍的成长，尽其所能地培养他们。

在工作中，李梦桃指导他们临床实践，把自己多年积累的知识和经验手把手传授给他们，他认为知识不是米，而应是种子，只有被播撒在求知的土壤里，才会开出灿烂的花，结出为民的硕果，服务一方，造福群众。

提起李院长，每个医生都能说几个他教授自己技术的故事。

曲凯是一个哈萨克族青年，李梦桃带他巡诊时，手把手地教他掌握各种疾病的诊治知识，纠正他的不足之处，谆谆教导，毫无保留。一次，牧工二队的一位产妇臀位难产，情况危急，李梦桃带着曲凯满头大汗地赶到了。看到产妇的情况，曲凯有点不知所措，只见李梦桃镇定自若，一边熟练地进行胎儿体外倒转，一边给曲凯讲解难产接生的知识，同时轻声安慰产妇的情绪，鼓励她，告诉她一定会平安的。终于在李梦桃的抢救下，母子都平安了，产妇的家人喜极而泣，抓住他们的手一个劲儿地说着感谢的话。

这件事让曲凯深有感触，从这个经历中他不仅学到了产科抢救的业务知识，更从李梦桃身上学到了一个医生应该如何对待患者、对待工作的态度。

妇产科医生范春霞说："李院长平时和蔼可亲，平易近人，可是对我们的学习抓得可紧了，业务上的事可丝毫马虎不得呢！"在李梦桃的督促下，医院几位骨干医生都参加了函授学习，每次期末考试时，函授学校把试卷寄来，他都亲自安排考场，亲自监考，座位隔开，考试正规，他就是要看看大家的真本领，这样才是对患者负责。

学校把成绩单寄来后，他又在院内公布，表扬先进的人员，树立榜样，同时让后进的人感到压力。医院很多人为了提高专业水平，晚上看书都要看到两三点钟。

有几个调去别的医院的同事都说，如果没有在北塔山期间打下的基础，很难在医院立住脚跟，回顾在北塔山医院"艰苦"的学习经历，才觉得那才是最为宝贵的人生财富，是一笔谁也抢不去的可贵宝藏，他们最想感谢的当然是李梦桃这位对他们严格要求的好领导。

内科医生别克扎达经常跟着李梦桃在牧场巡诊，白天他们一起跃马草场，治病救人，晚上就一起在毡房灯下读书学习。跟着李梦桃，他学会了如何诊断和治疗牧民中常见的布氏病、包虫病，如何预防传染病。

有一阵子，草原上流行肝炎，在药品短缺的情况下，李梦桃就带着他四处采摘中药茵陈，熬成预防药汁，晚上牧民回毡房后，一碗一碗端给大家喝。

开始的时候，别克扎达还将信将疑，这简单的中药就能预防肝炎？事实胜于雄辩，肝炎被控制住了，牧民们的健康又回来了，他对李梦桃更加佩服和敬重了，下决心努力学好医术，如今，别克扎达已经是内科主任，成了医院的技术骨干。

几十年在牧区行医的经验使李梦桃知道学好语言的重要性，它就像是一根线，将医生和患者的心连在一起；它就像信任的桥，让患者愿意将健康甚至生命交付。

汉族医生学习哈语，方便工作，哈萨克族医生学习汉语，方便学习。为了克服语言障碍，李梦桃在每天的晨会上安排 10 分钟让大家进行汉语、哈语对话，互相学习对方民族的语言文字。

如今，很多汉族医护人员都能用哈萨克语和当地患者交流，医院里的不少哈萨克族医护人员能阅读汉文医学杂志和书籍，哈萨克族医生也能看懂汉语医学期刊，并能用汉语书写病历和护理文书。

医生们都掌握了各种手术技术以及各种急诊急救技术，荒凉的边境再也不是当地牧工们的死亡线了。

为了进一步提高他们的医疗水平，李梦桃把知识和经验编成教材，给医护人员上课 800 多小时。现在，在医院的 30 多名医务人员当中，75% 的医护人员是哈萨克族，一支稳定的队伍正朝着新的目标迈进。

为了提高医护人员的诊疗水平，李梦桃可是煞费苦心，他采取走出去、请进来的办法。他不但经常抓住机会派医护人员出去学习，还邀请其他医院的专家来医院指导。

各兄弟医院也曾多次派医疗队到北塔山医院传授内科、外科、儿科、妇产科、五官科等方面的知识和技术。现在北塔山医院的医生已掌握剖腹产、胃修补、胃穿孔、宫外孕等手术技术。

有了自己医疗队伍的同时，李梦桃又开始为提高医疗条件而忙碌起来。

以前，北塔山医生手里只有三大件：听诊器、血压计、体温表。与外界基本隔绝的地理环境，加上牧区麻疹、甲肝、伤寒、痢疾等各种传染病猖獗，还有产妇的安全分娩、急诊病人的抢救，都需要有一个具有一定条件和功能的医院。

医院以前的房屋很破旧，房顶经常掉土，有的墙壁出现裂缝，一到下雨天，房子四处漏雨，工作人员只能把长桌立起来，在桌腿和床头之间搭上塑料布防雨。也没有电，做手术只能用手电筒照明。

李梦桃决心改变这一状况，他四处奔走努力，开始"化缘"。一有领导去北塔山牧场检查工作，他就用自己的"婆婆嘴"反复向领导介绍牧场医院的情况和牧工群众的要求，把他们请到医院检查工作，希望能得到他们的支持。

他说："我当院长，无论何时，再旧的桌面，也给擦得干干净净，再破的房子，也给打扫得好好的。领导们看到我们的精神面貌还不错，想干事，就想法给拨一点经费。"今年8万元,明年10万元,到1991年,李梦桃攒了40万元，可以动工了。

不久，一座建筑面积945平方米的全新的医院出现在人们的面前。医院里设立了手术室、产房、急救室、化验室，也第一次有了

200 毫安 X 线机、心电图机和 B 超。后来又找有关部门要钱买了个雅马哈的发电机，医院可以自己发电。这些大大改善了牧区的医疗环境和哈萨克牧民的就诊条件。

李梦桃从不为个人的问题求领导帮忙，但是为了牧民患者，为了北塔山牧场医院，他什么都愿意做。

比如有一次，领导视察化验室，他就抓住机会指着桌上的显微镜说："您看，我们这儿急需设备啊！我们还需要有一台半自动生化仪，哪怕是旧的也行，牧民患者需要啊！有了这些设备，诊断才更加准确及时，我们做医生的就是要想患者之所想，急患者之所急啊！您说是不是？"在吃饭时，他又恳求领导解决救护车的问题："我们可是管着 120 千米的边境线，最远的牧业队有 30 多千米，这么长的距离，没有车，时间可就是生命啊，救护车是救急、救命的啊！"

新医院建成和一些医疗设备的配置,使医院能做许多的应急手术,解决了牧民的大问题,李梦桃算是完成了一大心愿。

如今,牧民们看病更加方便,而且医疗水平也不断提高,大大地方便了牧民的生活,李梦桃说:"这个牧民自己的医院建成了,我心里是放下了一件大事,从我打算留在北塔山的时候起,为牧民建医院就是我的一个心愿,现在终于心愿达成,我自己觉得很高兴。"

→ 难舍深深北塔情

☆☆☆☆☆

20世纪80年代初,北塔山的知青们都陆续返城了,而李梦桃就像一棵树,将根牢牢扎在北塔山,没有随大流离开北塔山。

其实李梦桃还有几次调回上海的机会。如20世纪90年代初上海开发浦东时,亲友已经给他联系好浦东一所新建医院,李梦桃动过心,但仔细想想,还是留下来了。他说:"我初中都未毕业就来新疆，先跟老师学医，后来上函授，去北京、上海进修，实际上是兵团培养出来的。你说我本事有多大？没多大。在北塔山，我这个副主任医师凭着'万金油'医术和经验，能给牧民解决问题，能体现自己的人生价值，感觉很好。但如果把我放到大城市大医院，我不见得是个多么出色的医生，也并不感到自己这么被需要。留下来并不说明我有多么高尚，这只是个怎么选择的问题。"

日升日落，雪过冰封，他就这样默默地坚守在那里，一年的三百六十多个日日夜夜，全刻进生命的轨迹，无数次的轮回，奏出那首雄浑的生命交响曲。虽然没有丰厚的收入，李梦桃却感到很富有，平平淡淡的生活，他却认为很多彩，有那白塔做伴，有那牧歌缭绕，朝朝暮暮，暑去寒来，黎明的清辉中有他屹立的身影，阑珊的灯火处有他刚毅的面容，他甘心付出，无怨无悔。

2004年，李梦桃时任北塔山牧场医院院长。组织上考虑到李梦桃年龄大了，已经在北塔山牧场工作三十多年了，决定将他调到条件相对较好的农六师卫生局任正处级调研员，分管医院工作，这可是离开北塔山千载难逢的好机会，奉献了几十年，终于可以享享福了。

可是李梦桃却犹豫了，他的心情怎么也不能平静，他食不甘味，睡不安枕，许多患者渴望治疗的眼神不停地在他眼前浮现，他想到了风雪夜里的一碗面条、那带着哈萨克老阿塔体温的半个玉米馕……

他毅然谢绝了组织上的照顾，在师部待了几天后，当了"逃兵"。李梦桃逃回了北塔山，决定要继续留在这块神奇的土地上，为他深爱着的哈萨克牧民防病治病，为他们创造幸福安康的生活。哈萨克牧民对他有救命之恩，他离不开他们，还要报答他们！

可是，很多人并不认为他是因为不舍得北塔山的牧民，议论四起。有的说他是嫌官小，所以才不愿意去的，有的说他是想留在北塔山多得些名和利，这些议论让了解李梦桃的人们很气愤，很为他打抱不平。

有的朋友也为李梦桃担心："你这次不服从组织上的安排，恐怕以后再想升职就难了！"可他自己却很坦然："别人怎么说是他们的事，我只想留在北塔山！"

他更舍不下这里的各民族兄弟，与他们之间多年的点点滴滴时刻地记在心间，怎能忘记啊！有些能和李梦桃说上知心话的人对他说："你说你傻不傻？有条件、有机会离开这个穷山窝，你为什么不走呢？你真的要在这里待一辈子啊？"

面对规劝，李梦桃却说："我觉得自己不傻，关于这件事，每个人都有不同的看法，我在这里能为牧民兄弟做一点事，我觉得很自豪，很充实。上海是我的故乡，是我出生的地方，那里有我的亲人，我对上海是思念的。北塔山也是我的故乡，我在这里成长、工作，我二十多岁就来到这里，当年意气风发，如今已经年过花甲，我人生中最美好的年华都在这片土地上度过，我对北塔山是留恋的。在我心中，北塔山是个神奇的山，它不仅蕴藏着丰富的矿藏，同时，它又是一个培育圣洁心灵的摇篮。"

后来，农六师党委考虑到李梦桃的实际情况和要求，任命他为北塔山牧场党委副书记（正处级）兼北塔山医院院长、党委书记，让他继续在北塔山工作，为牧民服务。

2006年，农六师党委考虑到李梦桃的情况再次作出决定，调他到山下的农六师奇台医院任党委副书记。这回李梦桃应该欣喜若狂了吧？去做领导还能离开北塔山，多少人求之不得的好机会。

没想到，李梦桃拿着调令找领导说，北塔山的环境条件虽然比他初来时有了很大改变，但依然还很落后，牧民看病难的状况依然存在，他离不开北塔山和那里的牧民，他向师长、政委陈述自己与北塔山的深情，陈述牧民的愿望，陈述自己对牧场医院的设想及将要开展的工作……

组织上做工作说，新的岗位也非常需要他，希望他保持这种工作的劲头，在新的岗位上作出新的成绩。没有办法，李梦桃只好答应服从组织安排离开了生活工作 36 年的北塔山。

组织上派副政委带人来任命，因为有了上次的经验，怕他再一次"临阵脱逃"，这次他们可是"有备而来"，从任命到交接，再到上任，一气呵成，不给李梦桃"变卦"的机会。任命状一下就必须去报到，李梦桃回家拿换洗衣服都有人跟着，生怕他又变了主意，不肯下山去。

知道消息的牧民都赶来送行，他们依依不舍，李梦桃看着他们哭红的眼睛，心中充满了感动和不舍，他又不想走了。最后是近似被强迫着上了车，当李梦桃坐着车缓缓驶离北塔山时，回想自己在这里的几十年，从青春年少到花甲之年，这其中的心酸与艰辛，感动与相处，泪水夺眶而出，最后哭到哽咽。

一年后，也就是李梦桃 59 岁时又被农六师党委任命为奇台医院党委书记。

到农六师奇台医院后，环境变了，身份变了，但他心里仍然时刻想着北塔山牧场的牧民。只要见到有牧民来院就诊，他总是亲自带着他们找专家、做检查，没有钱他就给他们垫上，治疗过程中有什么困难他们也是直接来找李梦桃，他们还是把他当成他们的院长，而李梦桃把牧民当成自己的亲属，尽力为他们做一些事。

每当看着他们治愈出院时，他就觉得离开北塔山后还能为哈萨克族牧民做点事，感到十分欣慰！由于对哈萨克族牧民有这份特殊的情感，他来到奇台医院后，将这份特殊的情感倾注到医院的 16 位少数民族医生身上。连续多年"古尔邦"节间，他都带着机关人员一家一家挨着去慰问，了解他们的生活、家庭情况，对少数民族兄弟姐妹这份感情已深深地烙印在他的血液之中。

让李梦桃感到更加欣慰的是，这些年来，随着国家对民生投入越来越大，牧民们的生活发生了很大变化，享受到了现代文明，就医条件也得到很大改善，实现了"小病不出村，大病不出场"。

策马巡诊守边疆

⊙→ 半个百姓半个兵

★★★★★

提起兵团，人们首先想到的就是屯垦戍边。

1954 年 10 月 7 日，经毛泽东亲自批准成立的新疆生产建设兵团，是以毛泽东为核心的党中央领导集体在人类社会进入现代工业文明的时代，为有效地解决新疆问题，把马列主义的有关原理与屯垦相结合，把最先进的生产力与屯垦相结合，把我党全心全意为人民服务的宗旨与屯垦相结合的一种伟大创造。它不仅适应时代发展的要求，从大规模机械化生产出发来组建大型正规化国营农场，摆脱了传统的小农经济生产方式，而且也使新疆在社会主义现代化建设中获得了一支稳定的有较高素质的建设队伍。更为重要的是它使党和政府的屯垦戍边任务有了一个有效的承担者。

以准军事化管理体制面目出现的兵团，适应了当时计划经济发展的需要，也适应了新疆经济发展落后、自然生存条件相对恶劣的特殊环境，迅速在新疆发展壮大起来，成为建设新疆的一支极为重要的力量。

更为关键的是，兵团的发展为戍边职能的发挥提供了坚实的物质基础。在新疆复杂的民族、宗教关系下，在新疆周边敏感的地缘政治环境下，兵团发挥出了其他任何组织都无法替代的极其特殊的作用。而为捍卫属于祖国的每一寸土地，兵团广大干部职工用智慧、汗水、青春乃至生命在长达 2000 余千米的边界线上，建立了 58 个边境农场，在祖国的西北边境立起了一道有生命的界碑。

边境团场数十万兵团人，年复一年地戍守在自然条件极其恶劣的边境地带，用血肉之躯铸就了一道坚不可摧的铜墙铁壁。他们为了国家的富强，边疆的安全，把自己的一生都献给了屯垦戍边的伟大事业。这是一种崇高，也是一种伟大。李梦桃是这无数兵团人中的普通一员。

1969 年 3 月，珍宝岛武装冲突爆发后，中苏、中蒙边境形势非常紧张。中蒙边境的北塔山牧场是兵团的 58 个边境农场之一，而且是一线牧场。牧民们不仅放牧抓生产，同时也是一支民兵队伍，平时要在边境线上巡逻，杜绝人畜越界，打击犯罪，预防他国不法分子潜入我国境内搞破坏。当时牧场组织了一个以哈萨克族牧工为主体的民兵营，他们既熟悉山区的地形，又有自己的马匹，不脱产，农忙时做农活，冬闲时集中训练，而一旦边防有事一声令下，拿起武器就可投入战斗。

特定的地缘环境，使得李梦桃在巡诊的过程中，还负有守边任务。不仅要挎药箱，带吃的，还要随时背着枪，因为他还是牧场的民兵，有随时要应付突然事件的需要。

从 1970 年上山开始，牧场就给他配发了枪，每次出诊，左肩背药箱，右肩背枪，腰上 200 发子弹和 4 个手榴弹。为有效完成守边的任务，强化"兵"的意识，牧场每年都要对民兵进行军事训练和进行边防纪律教育，强调"祖国在我心中"。也因为此，李梦桃练得一手好枪法。

边境当时没有铁丝网，牧场的夏牧场就在边界线上，一个毡房就是一个哨所。有时走着走着，翻上一座山梁，就遇上对方的巡边人员。在两国关系敌对的情况下，这种偶遇的紧张性可想而知。

遇到问题时，要按照有理、有利、有节的原则处理，一方面强调"不惹事，不示弱"，另一方面又要坚持"人不犯我，我不犯人"，"针锋相对，寸土必争"，要维护祖国尊严。

李梦桃不仅自己有枪，而且周围的牧民每家都有枪支。"我家住在路尽头，界碑就在房后头；铁丝网前种庄稼，边境线上放牛羊。"这首演绎现代边境屯垦的边塞诗是兵团人最真实的写照。整个 70 年代，李梦桃每次出诊，除了背上药箱，枪支武器更是必不可少。"屯垦戍边，保卫边疆"绝对不只是一句口号，兵团无数的职工用自己的行动在践行着自己对于祖国的责任，书写着对于祖国的忠诚。他们深知，祖国让他们在边境线上建场、扎根、戍边是保卫边疆的需要，是维护祖国神圣领土的需要。为了祖国，他们宁肯比别人吃更多的苦，就算遇到再多困难也要坚持下来。

"北塔山"的哈萨克语是"巴衣特克"，意思是牺牲自己的地方。这里虽苦，土地虽然贫瘠，但它是祖国的一片领土，总得有人为这片土地献身，3000 多北塔山的各族群众就是一群勇于献身的人，他们的健康需要有人负责。在艰苦的环境里，人生的价值才能得到更加充分的体现。李梦桃说："我始终认为，在党和人民需要的地方，为人民做一些有用的事情，是我最大的幸福。"

"奉献"是一个永恒的主题，在北塔山牧场工作的人们并没有得到任何过高的物质上的享受，也不是享受的地方。作为医生的李梦桃常年坚守在北塔山牧场，不仅凭借自己的医术把患者从死亡线上挽救回来，让一个新的生命来到世界的这种欢乐来充实自己，而且随时守卫着祖国的边防，感觉到自己心里非常满足。

无数像李梦桃这样的兵团人，如戈壁上的红柳一样顽强地在边境生存着，守卫疆土这是他们的使命。在北塔山乌拉斯台岗楼前的山坡上有一行大字：祖国在我心中。李梦桃在北塔山三十余年的坚守，兑现的是其心中的祖国，多少兵团人在一生的屯垦戍边中，兑现的也都是：祖国在我心中！

→ 让文明之花绽放

★★★★★

新疆是少数民族聚居区，民族团结，和睦相处是不变的主题。对于一个国家来说，文化交流是促进民族团结进步、促进民族关系和谐、进而促进社会和谐的重要桥梁和精神纽带。

在边疆地区条件艰苦，缺医少药，通讯不便，宣传医疗卫生知识是宣传现代文明的重要手段，是文化传播的重要途径，而艰辛工作的李梦桃正是那播撒种子的人，是让现代文明之花在牧区绽放的催化剂。

在巡诊的过程中，李梦桃不仅给牧民治病送药，还教给他们医疗卫生知识，使他们养成良好健康的生活习惯，同时还向他们宣传国家的政策，送去政府的温暖。他不仅自己生根，还让医疗知识生根、发芽，并且经过多年的努力，使之在这荒芜的边疆土地上开花、结果。

北塔山牧场的草场横贯 400 多千米，当地牧民现代医学知识匮乏，李梦桃觉得现代文明与民族传统在这里想要融合，首先应该从牧民生活中与之息息相关的健康抓起。但牧场范围广，单靠场部医院医生巡诊不行，李梦桃就积极争取有关方面的支持，下功夫在每个牧业队都建起卫生室，如今全牧场已经有 4 个牧业队卫生室被评为"甲级卫生室"。

在建立医院的基础上，医院还主动按有关要求建立了防疫站，配备了专人负责各项防疫保健工作，在牧场积极开展传染病、地方病及慢性非传染性疾病防治工作，积极推广计划免疫工作，牧场的儿童计免覆盖率已经达到 95% 以上，儿童保健、孕产妇保健覆盖率也已经达到要求，自 80 年代中期开始就很少有孕产妇和新生儿死亡了。

医疗水平提高了，可是这对于李梦桃来说还远远不够。他通过研究发现当地一些疾病长期发病率高，主要原因是当地不科学的生活习惯。

牧场里交通不便，加之传统观念的影响，很少吃到新鲜蔬菜和水果，缺乏维生素摄入，高盐饮食，平时肉食为主，摄入动物脂肪较多，高血压、高血脂的比例较高，哈萨克族热情好客，酒就成了不可或缺的必需品，但饮酒过量也会影响健康。

由于宣传较少，当地居民的健康意识淡薄，李梦桃于是要求牧业队卫生员通过广播、黑板报等形式，向牧工宣传科学的生活方式，成为流动的宣传站。他自己也是走到哪里说到哪里，平时有机会就向大家普及医学常识，告诉他们什么样的生活习惯才是健康的，他还定期为大家测量血压，督促患上高血压症的牧民坚持服药。

在宣传医疗知识的同时，李梦桃还不忘宣传国家的政策。实行计划生育是我国的一项基本国策，但在牧区推行这项工作可是难上加难。哈萨克族崇尚多子多福的思想，认为孩子是"胡大"给的，既然是恩赐，就应该接受。

△ 李梦桃在普及医学知识

经过李梦桃和医护人员的宣传教育，越来越多的哈萨克族妇女自愿做节育手术，越来越多的哈萨克男子支持自己的媳妇做节育手术。以前北塔山每年要生120个孩子，随着计划生育的观念深入人心，上级给的每年50个生育指标都用不完，北塔山牧场连续多年被评为"计划生育先进单位"。

牧民有什么困难李梦桃都记在心里，想尽一切办法解决，让牧民们知道党和政府是时刻关心着他们的。他能够自己解决的就自己解决，能力有限解决不了的他就想办法在党委会上解决。

有个青年叫撒布尔，他给牧场放羊冻伤了双腿，却没有钱医治。如不及时治疗，不但双腿不保，还可能有生命危险。李梦桃知道事情后，把自己手里的钱都给撒布尔交了医疗费，可是仍然不够。撒布尔伤势较重，如果要治疗需要几万元的费用，李梦桃也没有能力承担。思前想后，他决定用集体的力量帮助他，他临时召开了医院党委会，将撒布尔的情况详细说明，建议免去他的医疗费，他的提议在党委会议上得到了全票通过。

撒布尔病愈后特别感谢医院的关怀，感谢李梦桃的关心，他想将李梦桃资助的钱还回来，李梦桃拒绝了。李梦桃认为撒布尔能尽快恢复健康，比什么都重要。撒布尔一家不知如何感谢李梦桃，还钱不要，送礼物不收，最后撒布尔的妹妹一针一线地绣了一幅《天鹅图》以表感激之情，李梦桃这回高兴地收下了，小心地挂在办公室里。因为他知道这不是一幅普通的绣品，是牧民的一片心，他无论如何都要收下的。

正是有无数类似李梦桃一样的兵团人，用自己一次次的行动，用自己不同的技能，用自己的青春甚至一生，把现代文明的火花带入边疆，带入每一个人现实生活中，播撒着民族团结的种子，促进了边疆的少数民族对现代文明的了解，促进了不同民族之间文化的交流，使现代文明之花在边疆生根、发芽、绽放！

→ 荒漠戈壁一棵树

★★★★★

提到新疆的胡杨，许多人都知道，即便没有亲眼见到过，但它的图片一定见过。展现在人们头脑中的往往是：在绵延起伏的沙丘或戈壁上，

△ 将军戈壁上的一棵树

胡杨树铁干虬枝，龙盘虎踞，顶着戈壁滩上的烈日，迎着大漠的雄风，吮吸着脚下土地中贫瘠的养料傲视众生。尤其是其"活着千年不死，死后千年不倒，倒下千年不朽"的品性，让人敬仰不已。"大漠茫茫沙吻天，扎根远古数千年"的诗句流传甚广。

而提到柳树，人们自然而然会想到南方，想到温柔，眼前会出现一幅小桥流水、河岸两旁依偎着婀娜多姿的垂柳的画面。

可谁曾想到，新疆古尔班通古特沙漠边缘去北塔山的路上，有个叫"一棵树"的地方。一棵柳树矗立在荒漠戈壁中，虽然这棵柳树并不高大，但大漠荒原，古意苍茫，唯见这棵柳树，生命顽强，守望山河，风骨凛然。浩瀚无垠的荒漠一望无际，极目望去，蓝天戈壁浑然一体，人们在感叹大自然之壮美的同时，也会心生好奇，为什么这方圆数十里寸草不生，而此树却能傲然挺立呢？"羌笛何须怨杨柳，春风不度玉门关"，柳树的习性偏好湿润的土壤，通常生长在南方，尤其是供水充足的河岸边，为什么在极其干旱的沙漠同样可以生长？无论有多少答案，或许，不管正确答案是什么，它的存在都是一个神奇。

此树是上世纪 60 年代戍边的战士所栽种。它的一侧枝丫虽已经被闪电所毁，但另一侧仍然绿意盎然，仍以顽强的生命力征服了恶劣的自然生存环境，存活至今。树下冒出一眼泉，汩汩泉水从地下溢出，又潜入地下，终年不竭。

多年来，往返奇台县和北塔山牧场的旅人长途跋涉，一路风尘，一路戈壁，一路劳顿，一路干渴，到此总要歇歇脚，因为这树就是戈壁里的路标，这泉就是他们穿越百里戈壁的救命泉。

在这一望无际茫茫戈壁荒原上，哪怕是远处的一棵树，也绝对是别样的景致。这棵柳树正是这样一棵"希望之树"，盛夏，烈日当空，泉边却凉风习习，毫无酷暑之感；隆冬，千里冰封，泉水热气升腾，不枯不冻，给路过之人以勇气，以希望。于是有人为此树立了一块碑，碑文曰："仰北塔山之远止，缅前辈之业绩。三十年来，唯独此树傲立荒漠，伟岸挺拔，虽经风霜，仍根深叶茂……。愿祖国边关似此树此泉，万古长青。"

李梦桃，这个生于上海、扎根边疆四十多年的普通共产党员，正如矗立在戈壁上的这棵树一样，把自己生命的绿色撒向了戈壁，撒向了边疆。他说自己只是边疆的一棵树，但即使是一棵树，也要长在最需要他的地方。

几十年的寒来暑往，他给人以希望，给人以动力，无论人们风雨兼程赶到这里有多么疲惫，可看见他就看见了希望，他这棵树同样孕育着生命之泉，用自己的全部力量救助别人，挽救生命。

后来，人们在"一棵树"的地方又栽种了八棵树，他们希望这里成为一片柳林，成为一片绿洲，成为家园中的一道傲人的风景线。

李梦桃就似这棵有号召力的树，在人们的心中种下希望的种子，相信经过太阳的照耀，瑞雨的洗礼，终会孕育出那令人震撼的美! 做边疆一棵树，这是一个坚定的人生选择，无论环境多么恶劣，生命总是流淌奉献。他决定扎根在这里，哪怕风疾雪骤，哪怕严寒高温，哪怕黄沙漫漫，就这样默默地在那里，尽显生命之静美，尽显坚守之执著！

感动中国戍边人

➔ 荣誉属于坚守者

★ ★ ★ ★ ★

20 世纪 50 年代到 70 年代，在国家的号召、鼓励、引导下，一批又一批的青年告别内地繁华的生活，告别亲友，来到兵团工作，为新疆建设、新疆稳定和国防安全作出了重大贡献。

进入 80 年代后，随着国家环境的变化和新疆艰苦的自然环境，当年许多的支边青年又离开了兵团，向着家乡、向着发达地区流动，出现了"孔雀东南飞"，甚至"麻雀东南飞"的现象，大量人员的流失，导致兵团人才紧缺，基层许多行业的正常运转都出现了困难。

那些选择留下来的支边青年，虽然他们的付出和得到是不成正比的，但"家贫出孝子"、"国难出忠臣"，他们无疑成为支撑兵团发展艰难运转的中坚力量，履行着国家赋予的屯垦戍边职责。李梦桃就是这些最终选择留下来的众多支边青年中的一员。

作为一名医生，李梦桃没有轰轰烈烈的惊人壮举，也没有豪言壮语，他只是在平凡的工作岗位上履行了自己当医生的责任，履行了自己该尽的义务，而受到了北塔山牧区人民的尊重和喜爱。

他以自己的坚守达到了"无欲留痕痕愈浓，不求扬名名自扬"的境界。李梦桃的服务范围有限，技术也难说一流，但是他在极其艰苦的条件下努力为边疆各族人民服务的高尚精神，是我们这个民族的骄傲。

李梦桃的付出和坚守感动着无数的人，使他先后获得多项殊荣。从 1989 年以来，他连续多年被兵团、农六师党委授予"优秀共产党员"光荣称号，曾获"兵团民族团结进步模范个人"、"兵团先进工作者（兵团劳模）"、"自治区吴登云式的医务先进工作者"、"全国卫生系统先进工作者"、"全国优秀共产党员"、"全国劳动模范"、"全国民族团结进步模范个人"等一系列荣誉称号。

2007 年 8 月 18 日，戈壁新城石河子焕发出更加盎然的绿意和生机。李梦桃接到通知，中央领导来到这里召集兵团系统老、中、青代表举行座谈会，他是代表之一。

李梦桃虽然并不知道是哪位中央领导，但他的心情仍然是紧张又激动的，他认真地准备好了发言稿，因为这不仅是他自己的发言，而且是代表几十年来坚守在边疆建设边疆、保卫边疆的兵团人的发言。

下午他与其他四位代表一起来到了石河子宾馆，宾馆内外戒备森严，代表们走下车，站岗的武警官兵向他们敬礼致敬。大家看到这样的场面，更加激动，李梦桃也不例外，他的心里充满了骄傲和自豪。

在一个明亮的会议室，代表们刚入座坐好，听见门口传来脚步声。大家循声望去，只见温家宝总理等一行人满面笑容地走了进来，大家喜出望外，热烈地鼓掌。总理亲切地和大家逐一握手。

李梦桃的发言话语朴实感人，感情真挚，他谈了自己在北塔山 36 年的工作情况、牧场的变化、内心的感受。李梦桃的汇报打动了在座的人，会场非常寂静，大家专注地听着，有的已经被他感动得眼含泪水。

每人发言规定只能 5 分钟，李梦桃汇报用了 7 分钟，大家没有打断他的发言。李梦桃汇报完后，温家宝动情地说："李梦桃是一个医生，上海支边青年。十万上海知青为边疆的建设作出很大的贡献，我也不知道现在留下的有多少，但不管留下的，还是已经走了的，都为新疆建设作出了贡献，而你留在了新疆，女儿也在新疆，你在艰苦的地方为各族群众做了许多好事，这种精神要发扬光大。"

温家宝总理在肯定李梦桃所作的贡献的同时，对当年近十万上海支边青年到兵团参加工作，加入到建设新疆、保卫新疆中来的历史也给予了肯定。

会上，19 岁的代表张珊是农九师一六一团孙龙珍民兵班副班长，她汇报完后请求说非常、非常、非常希望总理能与代表们合影时，温家宝总理也用了三个"非常"表达了他对兵团几代军垦人的敬意。他说："我也非常、非常、非常愿意同各位代表——合影留念。"

大家听了高兴极了！散会后大家兴奋地分别与温家宝总理合影留念，毕竟对于屯垦戍边的普通兵团职工来说，能与国家领导人如此近距离地接触，是非常难得的机会。

载誉归来话平凡

★★★★★

2009年9月，李梦桃被评选为"100位新中国成立以来感动中国人物"。2009年10月1日，他应邀参加了中华人民共和国成立60周年国庆典礼和阅兵式。

庆典开始时，嘹亮的《义勇军进行曲》响彻了整个天安门广场，鲜艳的五星红旗像一束火焰在天幕上燃烧，李梦桃站在一号观礼台上心潮澎湃。只见胡锦涛总书记肃立在敞篷车的正中央驶过金水桥，向海陆空三军问好。"同志们好！同志们辛苦了！"胡锦涛总书记的问候如和煦春风，温暖军心。"首长好！为人民服务！"官兵们的回答似惊雷回荡，山呼海应，雄伟的气势，精良的装备，高昂的士气，充分展现了中国的力量。

看着眼前的宏大场面，看着威武的三军从面前通过，李梦桃为自己是一个中国人而感到无比的骄傲和自豪，同时他也想到了很多。他想到了为了祖国免受欺凌的仁人志士，他们不畏流血牺牲，有的献出了自己年轻的生命；他想到了百万兵团人用血汗造就边疆辉煌的身影，有的已经永远地化作戈壁滩的胡杨；他想到了一起赴疆的无数支边青年，他们将自己最美好的青春倾注在祖国的边疆大漠；他想到了善良淳朴的少数民族兄弟，他们用自己平凡的生命，谱写着不平凡的爱国戍边的伟业……

在无数的荣誉面前，李梦桃没有扬扬得意，也没有骄傲自满，他说："面对鲜花、彩旗和欢迎的人潮，我很感动，也很不安；面对这些奖赏和荣誉，我内心充满了对党和各族人民的无限热爱，因为这些成绩的取得，归功于党的培养教育，归功于各族人民对我的亲切关怀和爱护。这些年来，其实我只做了一名医生、一个共产党员应该做的事。说苦，比起第一线的牧工，我差得远；论工作，距领导和群众对我的要求，还存在许多不足，但党和人民却给了我很高的荣誉，成绩只能代表过去。我现在只有一个信念：我要从'零'开始，扎扎实实走好今后的路，不辜负党和人民的殷切期望。"

人生因奉献而美丽。李梦桃认为自己的工作很平凡，也很苦，但苦得充实，苦得有价值。无论多么苦，多么难，他始终信守一个

△ 双百评选活动纪念章

共产党员的忠诚诺言，不改初衷，巍然坚守，屹立成
一座奉献的丰碑！

　　李梦桃凭着一名共产党员、一个医务工作者对人
民群众的深厚情感和强烈的责任感，把牧民的健康
作为自己最大的幸福，在平凡的医疗工作岗位上，与
哈萨克族牧民结下了深厚的情谊。从李梦桃身上，我
们不仅看到了平凡，也看到了伟大。平凡于他没有惊
天动地的业绩，所做的都是一些日常工作；伟大于他
三十多年来的辛劳付出，救治的牧民不计其数。

对于自己所做的这一切，李梦桃觉得很平常。相反，他觉得哈萨克族牧民热情善良的性格深深地影响了他。定期不定期的阿肯弹唱会、叼羊、姑娘追等活动非常有意思。每有这样的活动，哈萨克族兄弟就热情地邀请李梦桃参加，李梦桃也很乐意与大家打成一片，欣然前往。冬不拉琴声响起，嘹亮的牧歌悠扬，李梦桃和大家一起跳起欢乐的舞蹈。这时，谁又在意民族不同？谁又在意信仰差异？

2010年已是62岁的李梦桃从工作岗位退休。与许多兵团老职工一样，他没有选择回内地安家，而是留在了边疆，留在了他们为之奋斗了一生的地方。对于李梦桃来说，三十余年和牧民共同生活的经历，只要一听到毡房里的冬不拉琴声和阿肯们的歌声，心中的一切烦恼和苦闷就荡然无存了，仿佛走进了一个恬美、宁静又安详的境界，人生在北塔山得到了升华。

后 记

北塔山不会忘记

36年风云变幻，36年沧桑变迁，36年耗尽青春年华，36年忍受亲人别离，人的一生会有几个36年？天山当笔，都书不尽他的默默奉献；塔河作墨，都表不尽他的赤诚忠心！

在白驹过隙的岁月里，奢侈的年华继续流逝着，有的东西可以风轻云淡地飘过，有的事情可以流星赶月地划过，有的回忆可以封存在心底直至忘记，可是北塔山怎会忘记？

李梦桃痴心无悔地在边境牧场工作36年，走遍了北塔山的山山岭岭、沟沟壑壑，累计行程26万多千米，救治病人2万多人次，接生800多个婴儿，北塔山的每一座山梁都印有他的脚印和深厚温情。连绵的亘古荒原可以作证，山间耸立的白塔可以作证，耿直的哈萨克族牧民更能作证，李梦桃用他数十年的时光火炬，点燃了这块不毛之地上的生命圣火，给这块土地留下了深深的、难以消退的印迹。

在北塔山这样一个缺水、少电、交通条件差、自然环境恶劣的边境牧场，这个上海支边青年如一株坚韧的胡杨，在这片戈壁荒滩上扎根。他救死扶伤，履行白衣天使的职责；他以场为家，守护牧民亲人的健康；

他不求回报，恪守共产党员的本色；他淡泊名利，坚定无私奉献的追求。他把全部心血和爱献给了这里的人民，风急雪骤挡不住他对牧民的深情，山高路险阻不断他行医的脚步，条件艰苦改不了他留下的决心。

李梦桃之所以名享边陲，就是因为他能在大雪封山时连夜赶到难产妇女的毡房中，就是因为他能在疾病肆虐时给众人带来平安。北塔山牧场与县城之间遥隔着浩瀚的将军戈壁和卡拉迈里自然保护区，交通极为不便，当地牧民最怕生病，也最欢迎医生。李梦桃在努力为当地牧民服务的同时，还为生活在这片边陲荒野上的牧民群众留下了"不走的李梦桃"，给牧民群众营造了长久的健康保障，给当地的医务人员树立起可供借鉴的精神楷模，而这些，正是当地牧民群众最需要的。

李梦桃用他的青春和热血，用几十年如一日的执著和坚守，诠释了"热爱祖国，无私奉献，艰苦创业，开拓进取"为主要内涵的兵团精神。无数的兵团人把生命中最宝贵的青春，乃至终身，甚至生命，都无私地献给了祖国边疆的建设事业，献给了祖国边疆的稳定和安宁，忠实地履行起了国家赋予的屯垦戍边使命。而李梦桃呢？浩瀚戈壁留下了他的足迹，无边雪海闪烁着他的身影。新疆的 10 年、20 年、30 年、40 年，他像无数的兵团人一样经历了种种磨难，尝遍了人间疾苦，抛洒的血和汗造就了边疆的辉煌，也滋养了成熟和刚强……

在一个需要自己的地方工作，在一个能发挥自己能力的地方工作，是人生最大的幸事。李梦桃曾说："我觉得在一个艰苦的地方能够磨炼人，能够锻炼人。我始终认为，在党和人民需要的地方，为人民做一些有用的事情，是我最大的幸福。"

一位哲人说过："越在接近自然的地方，一个人也更接近他的灵魂。"

大漠孤烟，长河落日！一路风尘，一路沧桑，一路平凡！把灵魂放牧在北塔山这片天高云淡的旷野中，任自由的心在天地间遨游，金钱物欲随孤烟散尽，宁静豁达携落日沉积！极目苍天，云卷云舒！

回首过去的往事，李梦桃的历程，虽然平凡，但也缤纷灿烂。就这样抛繁华而乐寂静，舍安逸而取艰难，终由青春少年变成花甲老人，他高擎生命的旗帜，驻守高原牧场，无怨无悔，如歌如诗。

李梦桃为北塔山所做的一切，北塔山不会忘记！共和国不会忘记！他在北塔山度过的青春，为北塔山留下的精神，必将盘旋萦绕，经久不息。

100位

新中国成立以来感动中国人物

丁晓兵　马万水　马永顺　马恒昌　马海德　中国女排五连冠群体
孔祥瑞　孔繁森　文花枝　方永刚　方红霄　毛岸英
王　杰　王　选　王　瑛　王乐义　王有德　王启民
王进喜　王顺友　邓平寿　邓建军　邓稼先　丛　飞
包起帆　史光柱　史来贺　叶　欣　甘远志　申纪兰
白芳礼　任长霞　刘文学　刘英俊　华罗庚　向秀丽
廷·巴特尔　许振超　达吾提·阿西木　邢燕子　吴大观
吴仁宝　吴天祥　吴金印　吴登云　宋鱼水　张　华
张云泉　张秉贵　张海迪　时传祥　李四光　李春燕
李桂林和陆建芬夫妇　李素芝　李梦桃　李登海　杨利伟
杨怀远　杨根思　苏　宁　谷文昌　邰丽华　邱少云
邱光华　邱娥国　陈景润　麦贤得　孟　泰　孟二冬
林　浩　林巧稚　林秀贞　欧阳海　罗映珍　罗健夫
罗盛教　草原英雄小姐妹　赵梦桃　钟南山　唐山十三农民
容国团　徐　虎　秦文贵　袁隆平　钱学森　常香玉
黄继光　彭加木　焦裕禄　蒋筑英　谢延信　韩素云
窦铁成　赖　宁　雷　锋　谭　彦　谭千秋　谭竹青
樊锦诗

图书在版编目（CIP）数据

李梦桃 / 王小平，刘玉欣著. -- 长春：吉林文史
出版社，2012.7（2022.4重印）
（100位新中国成立以来感动中国人物）
ISBN 978-7-5472-1135-9

Ⅰ．①李… Ⅱ．①王… ②刘… Ⅲ．①李梦桃－生平
事迹－青年读物②李梦桃－生平事迹－少年读物 Ⅳ.
①K826.2-49

中国版本图书馆CIP数据核字（2012）第171631号

李梦桃

LIMENGTAO

著/ 王小平 刘玉欣

选题策划/ 王尔立　责任编辑/ 王尔立 李洁华 马华 任玉茗
装帧设计/ 韩璘
出版发行/ 吉林文史出版社
地址/ 长春市福祉大路5788号　邮编/ 130118
电话/ 0431-81629363　传真/ 0431-86037589
印刷/ 天津海德伟业印务有限公司
版次/ 2012年8月第1版 2022年4月第4次印刷
开本/ 640mm×920mm　1/16
印张/ 9　字数/ 100千
书号/ ISBN 978-7-5472-1135-9
定价/ 29.80元